거상 김만덕

거상 김만덕

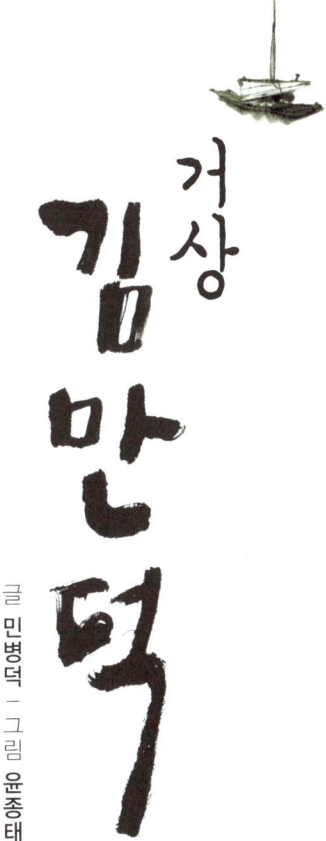

글 민병덕 ㅡ 그림 윤종태

살림어린이

머리말

　지구 위 동아시아의 맨 끝에 위치한 한반도는 오천 년에 가까운 기나긴 세월을 버티며 지금도 그 화려한 이름을 지켜 내고 있습니다. 큰 면적을 지닌 것도, 그렇다고 많은 인구가 살고 있는 것도 아닌 한반도가 어떻게 역사 속에서 사라지지 않고 오천 년의 역사를 이어 올 수 있었을까요?

　그것은 한반도를 살다간 많은 위대한 사람들의 노력이 있었기에 가능했던 일입니다. 그 위대한 사람들 중에는 정치가, 장군 등 국가와 민족의 지도자로서 업적을 남긴 사람도 있고, 나라의 경제적인 힘을 키우고자 노력했던 사람들도 있습니다.

　그중에서 사람이 살아가는 데 없어서는 안 되는 돈! 이 돈을 너무도 현명하게 사용하여 많은 이들을 이롭게 했던 인물이 있습니다. 바로 김만덕입니다. 여러분에게 조금은 낯선 이름일 수 있는 거상 김만덕은 어린이 여러분에게 두 가지 가르침을 줍니다.

첫째로 어려움을 이겨 내는 자세입니다. 여러분은 김만덕을 통해 어떻게 어려움을 극복하고 자신의 한계를 뛰어넘으며 지혜롭고 훌륭하게 살아야 하는지를 배울 수 있을 것입니다.

둘째로 어떻게 돈을 벌고 써야 하는지를 배울 수 있습니다. 김만덕은 단지 돈이 많은 부자(富者)가 아니라 돈을 지혜롭게 관리하며 사회를 위해 현명하게 이용할 줄 알았습니다.

우리 친구들이 어른이 된다면, 현명하게 돈을 관리하고, 많은 사람들을 위해 베푸는 그런 사람이 되길 바랍니다. 그리고 부자가 되었을 때 어떻게 그 돈을 값지게 쓸 것인가를 생각하는 여러분이 되길 바랍니다.

자! 이제부터 거상 김만덕을 만나러 갈까요?

2010. 3

민병덕

차례

머리말 · 4

돌과 바람의 섬에서 태어난 아이 · 8
⚽ 조선 시대에는 어떻게 장사를 했나요? · 16

부모님을 여의다 · 18
⚽ 조선 시대에는 어떤 화폐를 썼나요? · 30

기생을 어머니로 · 32
⚽ 노비도 봉급을 받았나요? · 52

나는 기생이 아니다 · 54
⚽ 조선 시대에도 은행이 있었나요? · 72

장사를 시작하다 · 74
⚽ 조선 시대의 점포들도 광고를 했나요? · 88

제주의 거상이 되다 · 90
⚽ 조선 시대에도 주식이 있었나요? · 110

부자의 길을 알려 주다 · 112
⚽ 조선 시대에도 복권이 있었나요? · 128

금강산에 넋을 빼앗기다 · 130
⚽ 조선의 거상에는 누가 있나요? · 142

부록) 김만덕의 발자취 · 148

김만덕 기념관 · 150

돌과 바람의 섬에서 태어난 아이

"이번 뱃길은 보름 이상 걸릴 텐데."

아버지는 만삭의 아내와 어린 아들을 집에 남겨 두고 먼 길을 떠나는 마음이 편치 않았다.

"걱정 마시고 몸 건강히 조심해서 다녀오세요. 안덕댁 아주머니가 도와주실 거예요."

어머니는 그 마음을 잘 알고 있었다. 배 속의 아기가 태어날 날이 얼마 남지 않았기 때문이었다.

쉽게 발걸음을 떼지 못하는 아버지를 보며 안덕댁 아주머니가 한 마디 거들었다.

"만석이 동생이 나올 낌새가 조금이라도 보이면 내 버선발로 뛰어 올 테니 너무 걱정 마시게."

"고맙습니다. 저는 아주머니만 믿겠어요. 만석아, 네가 어머니랑 배 속의 동생 잘 돌보고 있어야 한다."

"네, 아버지. 걱정 마시고 조심히 다녀오세요."

아버지는 손을 흔들며 무거운 발걸음으로 집을 나섰다. 그러고는 해남으로 향하는 배에 올랐다. 어머니는 떠나는 배를 바라보며 두 손을 모으고 빌었다.

"용왕님이시여, 이번에 저희 남편이 무사히 해남을 다녀올 수 있도록 좋은 바람을 보내 주십시오. 비나이다, 비나이다!"

제주에서 해남까지는 바람의 방향만 잘 맞으면 하루에 도착할 수 있는 거리였다.

하지만 제주는 워낙 바람이 심해서 배를 타는 누구도 자신의 운명을 장담할 수 없는 곳이다.

어머니는 배를 타고 육지로 장사를 떠나는 남편이 늘 걱정되었다. 장사가 잘되면 넓은 땅을 사서 농사를 지으며 살고 싶었다.

화산 활동으로 생긴 섬인 제주는 돌이 많고 물이 고이지 않는 척박한 땅을 갖고 있었다. 그래서 사람들은 벼농사를 짓지 못하고 주로 밭농사를 지으며 살았다.

하지만 그마저도 돌이 많은 밭이었다. 작은 땅을 가지고는 온 가족이 배불리 먹을 만큼 곡식을 거두기가 힘들었다. 때문에 가족을 돌봐야 하는 남자들은 늘 생계를 걱정해야 했다.

제주와 육지를 드나들며 장사를 하는 아버지는 그나마 사정이 나은 편이었다. 대부분의 남자들은 바다에 나가 고기를 잡았다.

그러나 제주의 거센 바람은 높고 거친 파도를 만들고 고기잡이를 하는 많은 남자들의 생명을 빼앗아 갔다.

남편과 아버지, 아들을 잃은 제주의 여자들은 생계를 책임지고 갖은 고생을 해야 했다. 집안일을 하고 밭농사를 지었다. 또 파도가 치지 않는 날이면 바다에 나가 소라와 전복, 미역을 따며 살았다.

아버지가 장사를 나간 지 어느덧 보름이 다 되었다. 바느질을 하고 있던 어머니는 갑자기 진통을 느꼈다.

"만석아, 어서 안덕댁 아주머니 좀 불러오너라."

"예!"

만석이 쏜살같이 이웃집으로 달려갔다.

"왜 이리 뛰어다녀? 다치면 어떡하려고."

아주머니는 뛰어오는 만석의 손을 잡았다.

"아주머니, 어머니가 빨리 오시래요."

"그래? 만석아, 네 동생이 태어날 모양이구나. 어서 가자!"

만석이와 안덕댁 아주머니는 몹시 걸음을 서둘렀다. 집에 도착하자 어머니는 배를 부여잡고 땀을 뻘뻘 흘리고 있었다. 아주머니는 만석에게 물을 끓이라고 한 후에 어머니와 함께 방으로 들어갔다.

"힘을 줘!"

안덕댁 아주머니의 쩌렁쩌렁한 목소리가 부엌에 있는 만석에게까지 들려왔다.

아기는 좀처럼 나올 기미가 보이지 않았다. 안덕댁 아주머니는 이마에 흐르는 땀을 손으로 훔치며 말했다.

"만석 엄마, 조금만 더 힘을 줘! 이 녀석 웬 고집이 이리 센지. 아가, 어미 고생 그만 시키고 얼른 나오너라."

어머니는 마지막 있는 힘을 다 주었다.

"으앙!"

드디어 아기가 세상의 빛을 보기 위해 나왔다.

"수고했수. 딸이라오."

"딸이라고요?"

어머니는 아기를 만났다는 기쁨도 잠시 이내 풀이 죽었다. 육지의 아낙네들보다 고생이 심한 제주 여인들의 삶을 누구보다 잘 아는 어머니였다. 어머니는 딸의 얼굴을 안타까운 마음으로 쳐다보았다.

그때 아버지가 장사를 마치고 돌아오셨다.

"만석아, 아버지가 왔다."

부엌에서 불을 때던 만석이 헐레벌떡 뛰어나와 아버지를 맞았다.

"아버지! 동생이 태어났어요!"

아버지는 기쁜 표정을 지으며 방으로 뛰어가면서, 마침 방에서 나오던 안덕댁 아주머니를 보며 환한 웃음을 지었다.

"딸이라오. 만석 어머니가 고생이 많았다오."

"딸이면 어떻습니까? 어미와 딸 모두 건강하지요?"

"둘 다 건강하다오. 어서 들어가 보시게."

방으로 들어선 아버지는 어머니의 손을 꼭 잡았다. 힘든 순간에 곁을 지켜 주지 못한 것이 매우 미안했다.

"부인, 수고했소. 옆에 있어 주지 못해 미안하오."

그 말을 듣자, 어머니 눈에 눈물이 고였다.

"이 녀석이 어미를 그리도 애 먹였단 말이오? 당신을 닮아 어여쁜 딸이구려. 우리가 곱게 잘 키웁시다. 가만, 좋은 이름을 지어 주어야 할 텐데. 만 사람에게 덕을 베풀라는 뜻에서 만덕이가 어떻소?"

"만덕이라고요?"

어머니는 '만덕'을 되뇌어 보았다. 깊은 뜻을 가진 이름이 마음에 들었다.

어머니는 눈을 감고 있는 아기에게 조용히 속삭였다.

"아가야, 이제부터 네 이름이 만덕이란다."

그 모습을 바라보는 아버지의 입가에 흐뭇한 미소가 번졌다.

김만덕이 들려주는 조선 경제 이야기

조선 시대에는 어떻게 장사를 했나요?

조선 시대에는 점포를 차려서 장사를 하거나 점포 없이 각지를 돌아다니며 물건을 파는 두 가지 형태로 장사가 이루어졌어.

나라에서 장사를 해도 좋다고 허가한 점포들이 모여 장을 이룬 곳이 시전이야. 시전 상인들은 나라에서 필요로 하는 물건들을 싼값으로 공급했어. 그 대가로 백성들에게 물건을 팔아도 좋다는 허가를 받은 거야.

특히 명주·종이·어물·모시·삼베·무명을 파는 점포인 육의전이 번성했어. 육의전 상인들은 자신들이 파는 물건에 대한 독점 판매권(금난전권)을 얻었지. 금난전권은 시전 상인들이 허가 없이 불법으로 장사를 하던 난전 상인을 규제할 수 있는 막강한 힘을 가졌단다.

점포가 없는 상인들은 물건을 들고 고을 구석구석을 돌아다니며 행상을 했어. 이들을 남자들은 주로 등에 짊어지고, 여자들은 머리에 이고 다녔다고 하여 '보부상'이라고 해.

보부상들은 한 달에 대여섯 번 열리는 오일장이 각 고을마다 자리를 잡자 장을 찾아다니며 장사를 하였지.

그런데 조선 시대에는 행상도 국가에 세금을 내고, 또 면허증을 받아야

했어. 『경국대전』 호전 잡세조에서 이런 규정을 볼 수 있어.

> 행상에게는 노인(여행 허가증)을 발급해 주고 세금을 거둔다. 육상은 매월 저화 8장, 수상은 큰 배가 100장, 중간 정도의 배는 50장, 작은 배는 30장이다.

보부상의 모습

조선의 통치 이념이었던 성리학에서는 상업을 천대했기 때문에 행상을 아주 천한 것으로 여겼어. 그래서 행상이 지나치게 많아지는 것을 견제하기 위해 행상을 등록시키고 세금을 부과했던 거야.

부모님을
여의다

만덕이 태어나고 아버지의 장사는 점점 번창했다.

영특한 만덕은 아버지의 장사에 관심이 많았다. 아버지는 그런 만덕이 대견하면서도 한편으로는 걱정스러웠다.

"만덕아! 아버지 왔다."

"아버지, 안녕히 다녀오셨어요? 이번에는 어떤 물건이 제일 잘 팔렸어요?"

"원 녀석 하고는. 아버지보다 장사가 더 궁금한 게야? 여기 네 선물이다."

"와! 고맙습니다."

만덕에 대한 아버지의 사랑은 끝이 없었다. 장사를 하러 해남에 가는 길에는 고운 옷이나 댕기를 사다 주었다.

하지만 만덕은 예쁜 옷이나 장신구보다 아버지가 장사를 하기 위해 사 온 육지의 특산물에 더 관심을 보였다.

아버지가 장사를 나가면 어머니는 만덕과 만석을 무릎 위에 앉혀 놓고 세상 이야기를 들려주었다.

만덕은 가난하고 어려운 이를 도우며 참 되게 산 사람들의 이야기에 크게 감동받았다.

"어머니, 저도 나중에 어른이 되면 가난하고 불쌍한 사람들을 도와줄 거예요."

"그래, 우리 만덕이는 이름처럼 많은 사람들에게 덕을 나누며 살아야 한다."

"예, 명심하겠습니다."

만덕은 부모님의 사랑을 듬뿍 받으며 무럭무럭 자랐다.

만덕이 열두 살이던 가을의 어느날이었다. 아버지는 제주의 특산품인 양태(대오리로 만든 갓의 챙)와 말총(말의 갈기나 꼬리의 털)을 육지도 팔러 가기 위해 해남으로 떠날 참이었다.

어머니는 동도 트지 않은 이른 새벽에 일어나 아침밥을 준비했다.

"이제 나가면 보름 후에나 오실 텐데, 따뜻한 진지라도 차려 드려야지."

어머니는 다른 식구들이 잠에서 깰까 봐 조심스럽게 음식을 준비했다.

"쨍그랑!"

밥을 푸던 어머니의 손이 미끄러지면서 밥주발이 바닥에 떨어졌다. 순간 어머니는 불길한 생각이 들었다.

'이번 뱃길은 가지 마시라고 해야겠어.'

밥상을 차리는 어머니의 손이 가늘게 떨리고 있었다.

아버지는 평소와 다름없이 긴 장삿길에 필요한 채비를 하고 있었다.

'길 떠나는 사람에게 말을 해야 하나, 말아야 하나?'

아내의 불안한 마음을 읽은 듯 아버지가 물었다.

"부인, 무슨 근심이라도 있소?"

어머니는 조심스레 말을 건넸다.

"이번 장삿길은 나가지 않으면 안 되시나요?"

"무슨 걱정이 그리 많으시오? 이번 장사를 마치면 이제 괜찮은 배 한 척은 구할 수 있을 것이오. 그러면 내가 굳이 배를 타지 않아도 될 것이니 안심하시오."

어머니의 마음은 여전히 무거웠다. 아버지는 걱정하지 말라는 말을 남기고 길을 나섰다.

"어머니, 너무 걱정하지 마세요."

만덕은 어머니의 어두운 얼굴을 보며 애써 밝은 얼굴로 위로했다.

그러나, 어머니의 표정을 보면서 만덕도 왠지 마음이 무거워졌다.

아버지가 해남으로 떠난 지도 어느새 보름이 지났다. 보통 해남을 다녀오는 배는 보름이면 제주로 다시 돌아왔다. 시간이 지날수록 어머니는 입술이 마르고 속이 바싹바싹 타 들어갔다.

"어머니, 아버지는 강한 분이시잖아요. 너무 염려 마세요. 곧 돌아오실 거예요."

불안해하는 어머니의 손을 잡으며 만덕이 말했다.

"그래, 네 말이 옳다. 내일이면 오시겠지."

불안한 생각을 떨쳐 버리려 노력해도 어머니는 자꾸만 초조해졌다. 밥을 먹어도 모래를 씹는 기분이었다.

만덕이 방 안으로 아침상을 들여왔다.

"어머니, 진지 잡수세요."

어머니는 순가락을 들다 도로 밥상 위에 내려놓았다.

"어머니께서 약해지시면 저희는 어떻게 해요? 자, 기운 내시고 한 순가락이라도 떠 보세요."

"아니다. 오늘은 왠지 밥맛이 없구나!"

"걱정이 많으시니 그렇지요. 어머니께서 진지를 드시지 않으면 저희들도 먹지 않겠어요."

만석까지 거들며 어머니를 재촉했다.

"알았다."

어머니는 어렵게 숟가락을 들고 밥을 떴다. 그러나 도저히 목으로 넘어가지 않았다.

어머니가 상을 물리자 만덕은 하는 수 없이 밥상을 부엌으로 내왔다. 끼니를 거르는 어머니와 돌아오지 않는 아버지 걱정에 만덕은 마음이 무거웠다.

만덕이 설거지를 하려고 그릇들을 함지박에 넣는데 이상한 일이 벌어졌다. 갑자기 멀쩡하던 놋그릇이 붉은색으로 변해 있었다.

놀란 만덕이 소리쳤다.

"어머니, 이 놋그릇의 색깔이 이상해요!"

색이 변한 놋그릇을 보며 어머니는 걱정스런 눈빛으로 말했다.

"왜 이렇게 변했을까? 혹시 아버지께 무슨 일이 있는 것은 아니겠지?"

그때, 안덕댁 아주머니가 다급한 목소리로 소리를 지르며 달려왔다.

"이봐 만덕이네! 큰일 났어! 큰일!"

부엌에서 뛰쳐나온 어머니가 깜짝 놀라 물었다.

"무슨 일이에요?"

"배가!"

"배가 어떻게 되었단 말예요?"

"배가 그만 바다에……."

안덕댁 아주머니는 더 이상 말을 잇지 못했다. 어머니는 그 자리에 주저앉았다. 만석과 만덕도 주저앉아 울음을 터뜨렸다.

아버지의 배는 해남에서 제주로 돌아오는 길에 큰 풍랑을 만나 바다에 가라앉았다.

"이를 어찌할꼬!"

어머니는 넋이 나간 듯 멍하니 바다를 바라보다 정신을 잃었다.

"어머니, 정신 차리세요!"

만덕과 만석은 어머니를 방으로 옮겨 뉘였다.

아버지가 세상을 떠나자 만덕네 집은 하루아침에 엉망이 되었다. 어머니는 두 아이들을 먹여 살리기 위해 마냥 슬퍼하고 있을 수만은 없었다. 당장 먹을 것이 없어 남의 집 바느질감을 찾아다녀야만 했다. 고된 일과 남편을 잃은 슬픔에 어머니의 몸과 마음은 점점 쇠약해져 갔다.

때맞추어 전국에 돌림병이 돌았다. 정월부터 시작된 돌림병은 눈 깜짝할 사이에 많은 이들의 생명을 빼앗아 갔다. 변변한 의료 시설이 없었기 때문에 병에 걸린 사람들을 산속으로 옮겨 다른 사람에게 전염되는 것을 막는 것이 최선이었다.

모두들 속수무책으로 돌림병이 빨리 가라앉기만을 기다릴 뿐이었다. 하지만 모두의 간절한 바람에도 불구하고 돌림병은 점점 크게 번져 5월 말까지 죽은 사람이 12만 5천여 명에 이르렀다.

마을은 장례를 치르지 못한 시신들로 넘쳐 났다. 어미를 잃고 자식을 잃은 사람들의 애통한 울음소리가 집집마다 끊이지 않았다. 처참하고 무서운 재앙이었다.

몸과 마음이 약해질 대로 약해진 만덕의 어머니 역시 돌림병을 피하지 못했다. 죽음의 그림자가 어머니를 향해 다가왔다. 5월부터 시름시름 아프기 시작하던 어머니는 시간이 갈수록 병세가 악화되었다.

만덕은 지극 정성으로 어머니를 보살폈다. 어머니까지 잃을 수는 없었다. 생각 같아서는 좋은 약재와 음식을 구해 드리고 싶었지만 그럴 수 있는 형편이 아니었다. 만덕이 어머니에게 드릴 수 있는 것은 보리로 쑨 죽뿐이었다.

"어머니, 이 죽이라도 드셔야 병이 낫지요. 조금이라도 드셔야 해요."

만덕은 보릿가루로 쑨 죽을 어머니 입에 넣어 드렸다. 어머니는 조금씩 넘기나 싶더니 도로 토해 내고 말았다. 다시 어머니의 입안으로 죽을 흘려 넣었지만 소용이 없었다.

어머니는 무언가 말하려는 듯 힘겹게 만덕에게 손짓을 했다.

만덕이 얼른 어머니의 얼굴 가까이 귀를 댔다.

"만덕아, 오빠와 의좋게 지내야 한다. 결코 떨어져서는 안 된다.

어미 먼저 네 아버지께 가 있으마. 너흴 두고 먼저 가려니 마음이 찢어지는 듯하구나. 미안하다, 미안해."

어머니의 목소리는 점점 힘이 빠졌다. 가는 숨소리가 힘겹게 이어졌다.

만덕은 감기는 어머니의 눈을 보며 고개를 저었다.

"어머니, 그런 말씀은 하지 마시고 얼른 일어나세요."

만덕의 지극 정성에도 불구하고 어머니는 끝내 눈을 감았다.

"어머니!"

만덕 남매는 목 놓아 어머니를 불렀지만 어머니는 이미 돌아오지 못할 길로 떠난 뒤였다.

"이를 어쩌나!"

"만덕네도 매정하지. 어찌 어린 남매만 두고 둘 다 가나?"

이웃들은 하루아침에 부모를 모두 잃고 큰 슬픔에 잠긴 만덕 남매를 안타깝게 바라보았다.

그 해 많은 사람들이 가족을 잃었다. 만덕 남매도 아버지와 어머니를 모두 잃고 고아가 되었다.

김만덕이 들려주는 조선 경제 이야기

조선 시대에는 어떤 화폐를 썼나요?

우리나라에 본격적으로 화폐가 등장한 것은 고려 때의 일이야. 송나라 화폐의 영향을 받아 성종 15년(996년)에 건원중보라는 쇠붙이로 만든 돈은 많이 사용되지는 않았어.

그 뒤 숙종 때 대각국사 의천에 의하여 은으로 된 화폐가 제작되었어. 은 한 근으로 만들어진 은병은 최하 쌀 10섬에서 최고 50섬에 이르는 높은 가치를 지닌 화폐였단다.

높은 가치를 지닌 은병과 함께 적은 가치를 지닌 해동통보, 해동중보, 삼한통보, 삼한중보, 동국통보, 동국중보 등의 동전도 만들어졌어.

그러나 자급자족 경제인 고려 사회에서 화폐의 필요성을 백성들은 느끼지 못했어. 결과적으로 고려의 화폐 정책은 실패했던 것이지.

조선 시대 초기에도 화폐는 널리 사용되지 못했어. 성리학이 지배하던 조선 시대는 상공업을 천시했거든. 상업이 발달하지 않는 시장에서 백성들은 화폐의 필요성을 느끼지 못했지.

하지만 나라에서는 화폐를 꾸준하게 만들었단다. 세조 때에는 전쟁이 일어날 때 쓰려고 전폐를 만들고 조선통보와 십전통보 등의 화폐를 꾸준

히 만들었어.

본격적으로 화폐가 등장한 것은 조선 후기야.

인조 11년(1633년)에 김육이 화폐의 사용을 주장하면서 상평통보를 만들었어. 상평통보는 초기에는 사용이 부진하다가 대동법이 확대 실시되면서 널리 사용되었어.

최초의 서양식 화폐는 고종 때 등장했어. 전환국을 설치해 독일에서 기계와 기술을 도입해 신식 화폐를 만들었다고 해.

상평통보

기생을
어머니로

만덕은 걱정스레 만석을 바라보았다.

"만덕아, 큰아버지께서 다녀가셨어. 우리 둘 다 데려가면 좋겠지만 큰아버지도 사정이 좋지 못하잖아. 나에게 큰아버지 집으로 들어와 살면서 농사도 짓고 바다에 나가 고기 잡는 법도 배우라고 하시는데 어찌해야 할지 모르겠구나!"

만덕과 만석은 어려운 결단을 내려야만 했다. 어머니의 유언에 따라 남매는 떨어지지 않고 함께 의지하며 살아가려 했지만, 당장 먹고 살기가 막막했다. 이대로 가다간 둘 다 굶어 죽을 것 같았다.

"오빠, 너무 걱정하지 마세요. 오빠는 큰아버지 집에 가서 열심히 일을 배우세요. 저는 제 힘으로 살아갈게요."

만덕이 씩씩하게 말했다.

"너만 홀로 남겨 두고 가려니 발걸음이 떼어지지 않는구나."

며칠 후 만석은 큰아버지가 살고 있는 마을로 떠났다.

"나 혼자 일어서 보는 거야!"

만덕은 떠나는 만석의 뒷모습을 바라보며 결심했다.

하지만 모든 것이 만덕의 뜻대로 되지는 않았다.

아버지와 어머니의 보살핌 속에서 남부럽지 않게 생활하던 만덕이었다. 바다에 나가서 물질을 하거나, 남의 집 심부름을 하는 것이 낯설고 어려웠다. 겨우 남의 밭에 나가 일을 하려 해도 모든 것이 서툴러 실수투성이었다.

만덕의 모습을 지켜보는 안덕댁 아주머니는 마음이 아팠다. 자신이 탯줄을 자르고 태어난 아이가 바로 만덕이 아니던가?

'무슨 팔자가 저리도 모질단 말인가?'

한참을 생각을 하던 안덕댁 아주머니가 만덕을 찾았다.

"만덕아!"

안덕댁 아주머니는 수척한 만덕의 얼굴을 보자 가슴이 미어지는 것 같았다.

"만덕아, 혼자 생활하기가 힘들지? 내가 너를 데려가 함께 살면 좋겠지만, 지금 내 형편도 그럴 수 없으니 미안하구나!"

안덕댁 아주머니는 목이 메어 말을 잇지 못했다.

"아주머니, 전 괜찮아요. 항상 아주머니께 고맙고 또 죄송스러운 걸요."

안덕댁 아주머니는 만덕이 굶고 있지는 않은지, 아픈 데는 없는지 늘 챙겨 주고 살펴 주는 고마운 분이었다. 만덕은 아주머니의 뻔한 사정을 알면서 부담을 드리고 싶지 않았다.

"만덕아."

인덕댁 아주머니는 한참 뜸을 드리다 어렵게 말문을 열었다.

"내가 아는 사람 중에 월중선이라는 기생이 있단다. 혼자 사는 사람이라 집안일을 도울 사람이 필요하다고 하던데, 그곳에 들어가 살면 어떻겠니?"

"기생집으로요?"

"기생집이면 어떠냐? 너만 기생이 아니면 되지 않겠니? 그리고 그곳으로 가면 당장 먹을 것, 입을 것은 걱정할 필요가 없잖아."

만덕은 생각에 잠기었다.

'기생인 월중선에게 간다면 사람들이 나를 어떻게 생각할까? 하늘에 계신 아버지 어머니께 부끄럽지 않을 수 있을까?'

그렇다고 지금 이대로 살 수는 없었다. 하루 한 끼도 먹지 못하는 날도 많았다. 어떤 날은 배가 너무 고파 눈앞이 빙빙 돌고 별이 보이기도 했다.

망설이는 만덕의 마음을 안덕댁 아주머니도 알고 있었다.

"만덕아, 일단은 사람이 살아야 하지 않겠니? 하늘에 있는 네 부모님도 다 이해하실 게야."

만덕은 힘없이 고개를 끄덕였다.

고심 끝에 내린 결정이었지만 막상 집을 떠나려니 쉽게 발길이 떼어지지 않았다.

만덕은 집을 돌아보며 눈물을 흘렸다.

"만덕아, 이 집은 네가 오고 싶으면 언제든지 돌아올 수 있어. 알겠지?"

배웅을 나온 안덕댁 아주머니가 만덕의 어깨를 감싸 안았다. 아주머니의 볼에도 눈물이 흘렀다.

집에서 한 발자국씩 멀어질 때마다 자신을 부르던 아버지의 목소리가 들리는 듯했다. 하얀 눈이 소복소복 내리던 긴 밤, 어머니가 들려주던 옛날이야기도 귓가에 맴돌았다.

월중선의 집은 큰 기와집이었다. 월중선은 고운 비단 저고리를 입고 갖가지 화려한 장신구를 하고 있었다.

"네가 만덕이냐?"

"네"

"내가 집을 비울 때가 많으니 알아서 집안일을 해야 한다. 알겠느냐?"

"네, 어르신."

월중선의 집으로 온 만덕은 부지런히 집 안의 허드렛일과 심부름을 하며 지냈다.

월중선은 매우 바빴다. 제주 관기들 중에서 가장 높은 위치에 있던 그녀는 관아에서 열리는 잔치의 모든 준비를 해야 했다.

월중선이 피곤에 지쳐 집에 돌아오면 만덕은 따뜻하게 물을 데워 발을 닦아 주고 어깨를 주물렀다.

"만덕아, 네가 내 딸이라면 얼마나 좋을까?"

월중선은 긴 한숨을 쉬었다. 요즘 들어 부쩍 기생으로 한평생을 살아온 자신의 신세가 한탄스러웠다. 월중선은 기생의 신분이 부끄러워 가족과의 인연을 끊은 지도 오래였다.

"만덕아, 힘들지 않느냐?"

"괜찮습니다."

"내가 너에게 하고 싶은 말이 있는데……."

"무슨 말씀이세요?"

"너와 내가 함께 산 지도 꽤 시간이 흘렀구나. 너도 의지할 부모가 없고, 나 또한 돌볼 자식 하나 없이 혼자이니 우리 둘이 서로를 의지하고 보살피며 살자꾸나. 내 수양딸이 되지 않겠니?"

월중선은 조심스럽게 말을 꺼냈다.

돌아가신 부모님 생각에 만덕은 쉽게 결정을 내릴 수가 없었다. 하지만 오갈 데 없는 만덕을 거둬 주고 보살펴 준 월중선의 마음을 무시할 수도 없었다.

"알겠습니다."

"그래, 고맙구나. 이제부터 나를 어머니라고 부르렴."

"네, 어머……."

"처음이라 어색하겠지만 차츰 나아지겠지."

만덕은 월중선의 방을 나와 하늘을 바라보았다. 어둠이 짙게 깔린 밤하늘에는 별들이 총총 빛나고 있었다.

'제가 월중선을 어머니라고 불러도 될까요? 아버지, 어머니. 보고 싶어요.'

월중선의 수양딸이 된 만덕은 부모님께 못다 한 효도를 해야겠다고 생각했다. 만덕이 월중선을 어머니처럼 따르니 월중선도 만덕을 더욱 아끼고 예뻐했다.

하지만 사람이 하나를 얻으면 또 다른 욕심이 생긴다고 했던가? 자식을 얻은 월중선은 이제 그만 관기의 신분에서 벗어나 편히 지내고 싶었다.

그러나 월중선이 관기에서 벗어날 수 있는 방법은 자신 대신 다른 여자를 관기에 넣는 것뿐이었다.

때마침 제주 관아에서 새로운 관기를 뽑을 예정이었다. 월중선은 마음이 복잡했다.

'이번이 절호의 기회야. 만덕을 관기에 추천하면 나는 관기에서 벗

어날 수 있어. 아니야, 그래도 만덕은 내 딸인데 그럴 수는 없어.'

몇 날 밤을 뜬 눈으로 지새우며 고민하던 월중선은 만덕의 마음을 떠보았다.

"만덕아, 이 어미처럼 비단옷이 입고 싶지는 않니?"

"저는 지금 입고 있는 무명옷이 더 좋습니다."

만덕의 대답을 들은 월중선의 낯빛이 어두워졌다. 월중선은 어떻게 해서든 만덕을 설득하기로 결심했다.

"사람이 살면서 어찌 무명옷만 입고 살 수 있겠니? 예쁘게 차려 입고 귀한 음식도 먹으며 살면 얼마나 좋겠니?"

"어머니, 저는 지금 이 생활도 아주 좋아요."

월중선은 자신의 뜻을 몰라주는 만덕이 섭섭했다. 만덕이 방에서 나간 후 다시 생각에 잠기었다.

그날 이후 월중선은 머리를 싸매고 자리에 누웠다. 방 안에서 밥도 먹지 않은 채 끙끙거리며 앓아누웠다.

만덕은 월중선이 끼니도 거르고 앓아눕자 걱정이 되었다. 월중선이 아프다는 소식을 들은 안덕댁 아주머니가 찾아왔다.

"만덕아, 네가 고생이 많구나!"

"아주머니, 오랜만이에요. 잘 계셨죠?"

"그럼, 나야 잘 지냈지. 그런데 어머니가 많이 아프다고?"

"예, 끼니도 거르시고 정말 걱정이에요."

안덕댁 아주머니는 월중선을 걱정하면서 방으로 들어갔다.

월중선을 보고 나온 안덕댁 아주머니는 조용히 만덕을 불러 이야기했다.

"아무래도 어머니의 병은 마음의 병인 듯하구나!"

"무슨 말씀이세요?"

"오랜 관기 생활을 하면서 많은 어려움을 겪지 않았겠어. 나이도 들고 지칠 대로 지쳤겠지. 관기를 그만두려고 해도 대신 보낼 사람이 없으니……."

"네……. 어머니가 많이 힘드셨을 거예요."

만덕은 자신이 어려울 때 도와준 월중선의 바람을 더 이상 거부할 수가 없었다.

제주 관아에서 관기를 뽑는 경합이 열렸다. 여러 시험을 치러 통과를 해야만 관기가 될 수 있었다.

첫 번째 과제는 춤과 노래였다.

만덕은 한번 본 것은 곧잘 따라하는 눈썰미와 영특함을 지니고 있었다. 월중선의 춤과 노래를 어깨 너머로 보아 온 덕에 쉽게 시험을 치를 수 있었다.

만덕의 모습을 지켜본 관리들은 크게 놀라며 감탄했다.

"신선의 딸이 지상에 내려와 춤을 추는 것 같구나!"

"노래는 또 어떠하고! 내 귀로 듣기 아까울 정도구나. 명창 중에 명창일세."

두 번째 시험은 시를 짓는 것이었다.

"'반월(반달)'이란 글제로 시 한 수 지어라."

평소 월중선의 집에서 허드렛일을 하는 틈틈이 책을 읽었던 만덕은 자신이 알고 있던 글들을 바탕으로 시를 지었다.

만덕의 시는 다른 이들의 시에 비해 단연 뛰어났다. 만덕은 우수한 성적으로 교방(관기 교습소)에 입학할 수 있었다.

교방 입학생은 십여 명 정도였다. 모두 앳된 소녀들이었지만 저마다 사연을 가지고 관기가 되고자 했다.

계월이란 아이는 관기였다가 은퇴한 어머니를 대신해 들어온 탓인지 벌써 관기에 대해서 훤히 알고 있었다.

"기생이 되면 좋은 점도 많아. 난 울 어머니 덕분에 사대부집 계집애들보다 더 고운 옷이 많아."

만덕은 조용히 교방 아이들이 하는 이야기를 들었다.

"애들아, 스승님 오신다!"

한 아이가 뛰어 들어오면서 소란스런 교방에 대고 소리쳤다. 아이들은 헐레벌떡 자리를 잡고 앉았다.

관기가 되기 위한 첫 번째 수업이 시작되었다.

날카로운 눈매를 지닌 행수 미향을 보자 여자아이들의 몸이 움츠러들었다.

"너희들은 아주 중요하고도 어려운 길에 들어섰다. 명기가 되기 위해선 춤과 노래뿐만 아니라 거문고, 가야금 등의 악기 다루는 법도 배워야 하고 서화도 잘 그려야 한다. 또 시도 잘 지어야 하고 학식도 있어야 한다. 말씨는 고상하고 행동도 교양 있게 하여야 한다. 앞으로 열심히 공부하여 훌륭한 기생이 되도록 하여라. 알겠느냐?"

"네! 알겠습니다."

그때, 굶주리는 동생들을 먹여 살리기 위해 관기가 되었다는 연생이가 질문을 했다.

"저, 스승님. 관기가 되면 돈은 많이 벌 수 있나요?"

"관기는 나라에서 녹봉을 받는다. 종9품이 현미 두 가마에 전미

한 가마, 콩 한 가마, 베 한 필, 종이돈 한 장이니 너희들의 녹봉도 그에 준할 것이야. 녹봉은 계절이 바뀌는 첫 달에 줄 것이니 열심히들 하여라."

"네, 스승님."

"아직은 적은 돈을 받고 수련을 하는 것이니 값비싼 장신구를 사 들이며 사치하다간 밥을 굶어야 할 수도 있어. 명심들 하고!"

미향은 교방에서 배우는 것들에 대해 긴 이야기를 들려주었다.

춤과 노래는 월중선의 모습을 늘 옆에서 지켜보며 익혔던 것으로 만덕이 자신 있는 것이었다. 하지만 그림 그리기, 말타기, 의술 등을 배우는 일은 낯설고 힘들었다.

교방의 엄격하고 힘든 교육이 계속되었다. 만덕은 누구보다 더 열심히 재주를 익혔다.

관에서 먹여 주고 재워 준 덕에 사는 것은 그런 대로 지낼 만했다. 월중선이 이따금씩 찾아와서 부꾸미를 손에 쥐어 주기도 했고, 그믐날은 외출도 나갈 수 있었다.

하지만 돌아가신 부모님과 떨어져 지내는 오빠 생각에 가슴 한구석이 늘 시리고 아팠다.

교방에서는 종종 그동안 익힌 재주를 시험 보았다. 교방의 다른 벗들보다 두세 배 열심히 노력한 탓에 만덕은 늘 일등이었다.

마침내 교방의 교육이 끝나고 만덕은 정식 관기가 되었다.

만덕은 잠시 짬을 내어 월중선을 찾아갔다.

"어려운 교육을 받느라 고생했다. 네가 나 때문에 고생이 많구나! 만덕아, 미안하다. 정말."

"그런 말씀 마세요, 어머니. 저는 정말 잘 지내고 있어요. 제가 옆에서 어머니를 보살펴 드려야 하는데 그러지 못해 죄송하지요."

"정말 고맙구나. 내 너에게는 입이 열 개라도 할 말이 없다. 다만 기생으로 살아가더라도 이것만은 꼭 기억해 두렴. 기생이라고 하여 모두가 다 같은 기생이 아니란다. 너는 춤과 음악에 재주가 뛰어나니 열심히 갈고 닦아 제주 제일의 명기가 되어라. 풍류를 알고 인품이 훌륭한 분들과 교류하여 너의 덕을 쌓고 소양을 넓혀야 하느니라. 그럼 그 누구도 너를 기생이라 함부로 대하지 않고 예술가로 여길 것이야."

월중선은 만덕의 손을 잡고 조용하지만 강한 어조로 이야기했다.

자신의 갈 길이 기생은 아니라고 몇 번이고 결심한 만덕이었지만 이미 돌이킬 수 없는 일이었다. 월중선의 이야기를 들은 만덕은 제주 제일의 명기가 되어 당당하게 살아가야겠다고 다짐했다.

드디어 만덕이 기생으로 처음 관아의 잔치에 참석하게 되었다. 제주 목사가 새로 부임하여 열린 축하 잔치였다. 이는 관아에서 열리는 가장 성대한 잔치였다.

관기들은 환영 잔치를 위해 철저히 준비를 했다.

만덕도 곱게 단장을 하고 행수 기생과 함께 제주 관아로 갔다.

새로 부임한 목사(지방에 파견되는 관리)가 길게 늘어선 환영 무리들과 인사를 나누며 관아로 들어섰다.

그때 고개를 살짝 든 만덕이 목사의 눈에 띄었다. 화장기 없는 맑간 얼굴과 단정히 벗어 넘긴 머리하며 마치 하늘에서 선녀가 내려온 것만 같았다.

목사는 발걸음을 멈추고 만덕에게 물었다.

"이름이 뭐냐?"

"만덕이라고 하옵니다."

목사는 체면 때문에 더 묻지는 못하고 자신의 자리로 가면서도 만덕의 얼굴을 훔쳐보았다.

이날 신임 목사 환영 잔치는 그야말로 만덕의 독무대였다. 만덕의 입에서 흘러 나오는 시는 억지로 운율을 맞추거나, 시적인 정취를 쥐어짜낸 사대부들의 시와는 달리 생생하게 살아 있었다.

또한 만덕이 노래를 부르며 춤을 선보일 때마다 여기저기 구경하는 사람들의 눈이 휘둥그레졌다.

만덕은 뛰어난 재주와 고운 자태를 갖고 있었다. 얼굴만 고운 것이 아니라 성격 또한 밝고 친절했다. 또한 총명한 만덕은 재치 있는 언변으로 많은 이들을 사로잡았다.

제주 관아의 관리들뿐만 아니라 제주의 양반들은 만덕을 만나 함께 시를 짓고 풍악을 즐기고 싶어 했고, 그 소문이 육지에까지 전해져 만덕을 보기 위해 배를 타고 제주에 오는 양반들도 있었다. 어느새 만덕은 제주 제일의 명기가 되었다.

제주 최고의 기생으로 바쁜 나날을 보내는 만덕이었지만 아버지와 어머니의 제삿날이면 아무리 중요한 잔치가 있어도 오빠인 만석을 찾았다.

만석은 큰아버지 밑에서 일을 배우며 살다가 혼인을 하여 예전 만덕이가 살던 마을에서 살고 있었다.

만석은 여전히 어려운 형편이었다. 하나밖에 없는 오빠가 어렵게 사는 모습이 만덕은 안타까웠다. 비록 기생의 몸으로 모은 재산이었지만 만석에게 도움을 주고 싶었다.

만덕은 제사에 필요한 음식을 준비해 오빠 집을 찾았다.

마을이 훤히 내려다보이는 마을 뒷산에 다다르자 만덕은 옛 생각이 떠올랐다.

동네 벗들과 물고기를 잡던 작은 개천도 가을이면 탐스럽게 열린 감을 따던 감나무도 모두 그대로였다. 달라진 것은 더 이상 양인(양반과 천민의 중간 신분으로 일반 백성)이 아닌 만덕의 신분이었다.

"우리 만덕이 시집갈 때는 이 어미가 원앙금침 곱게 지어 주어야지. 우리 어여쁜 딸 언제 커서 시집갈까?"

어머니의 목소리가 생생하게 들리는 것 같았다.

'아버지와 어머니가 지금까지 살아 계셨다면 나는 지금 어떤 모습일까? 기생이 되진 않았겠지? 내가 기생이 아니라면 지금보다 떳떳하게 오빠 집을 찾을 수 있을 텐데…….'

이런 저런 생각을 하다 보니 어느덧 오빠 집에 도착했다.

"오빠, 만덕이가 왔어요."

하지만 만덕을 맞는 만석의 표정은 어두웠다.

"만덕아, 이제부터는 아버지, 어머니의 제삿날이라고 하더라도 오지 마라."

만석이 굳은 표정으로 이야기했다.

만덕은 만석의 마음을 알 것 같았다. 만석은 만덕이 기생이 된 것이 부모님을 욕되게 하는 일이라 생각했다. 만덕이 역시 기생으로 살고 있으니 가족들에게 늘 죄스러웠다.

'아, 주변에서 내가 기생이라고 손가락질을 하는 모양이구나. 조카들이 동네에서 놀림이라도 받으면 큰일이지.'

"알겠어요, 오라버니 뜻대로 하겠어요."

만덕은 억지로 웃음을 지어 보이며 말했다.

하지만 마음 속으로 만덕은 울고 있었다. 오빠의 집을 나서며 만덕은 다시 한 번 마음을 다졌다.

'오라버니, 기생 신분에서 벗어나는 날 다시 오겠습니다. 꼭 다시 올게요.'

만덕은 뒤 한번 돌아보지 않고 마을을 떠나왔다. 한참을 걸은 후에야 만덕은 마을을 바라보았다. 만석의 집이 아주 작게 보였다. 그제야 만덕은 소리 내어 울었다.

김만덕이 들려주는 조선 경제 이야기

노비도 봉급을 받았나요?

노비도 직업으로 인정받아 봉급을 받을 수 있었으나 대우는 그리 좋은 편이 아니었어. 따라서 고려 때 최충헌의 사노비인 만적과 전주의 관노들이 신분 해방과 개혁을 내세우며 반란을 일으키기도 했단다.

노비는 크게 관아에 속해 있는 관노비와 양반의 집안에 속해 있는 사노비로 나뉘어. 일반적으로 사노비보다 관노비의 힘이 셌어. 관노비는 때때로 양인보다 오히려 권세가 높아 큰소리치며 사는 경우도 있었지.

노비는 관노비건 사노비건 결혼을 하여 가족을 거느릴 수 있었어. 관노비는 부역과 공납의 의무를 지고 있었지만 대부분 독립적으로 생활해 자유로운 편이었고, 사노비는 대부분 주인과 함께 생활했단다.

관노비 중 특정한 관아에서 잡다한 노역에 종사하는 공역 노비가 있었는데, 이들은 국가로부터 일정한 급료를 받아 스스로 집안 살림을 꾸려 나갈 수 있었어.

관노비들은 어린 시절부터 일을 해야 했지만 60세가 되면 그런 의무에서 벗어날 수 있었단다. 이들 관노비는 평생 동안 주인에 매여 살아야 하는 사노비에 비해 조금 나은 형편이었던 것이지.

1894년 갑오개혁으로 노비들은 제도의 구속에서는 벗어났지만 경제적인 기반이 없어 품을 팔아서 생계를 유지하는 등 한동안 하층민 생활을 이어 나갔단다.

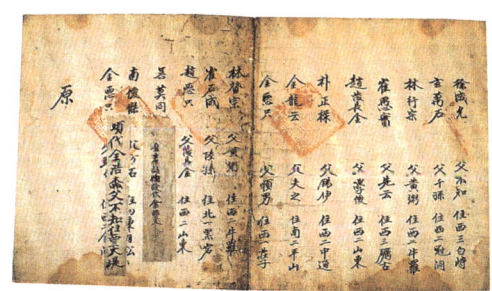
노비의 호적인 노비안

나는 기생이 아니다

　많은 관료들과 양반들이 만덕을 바라보며 가슴앓이를 해야 했다. 그중에는 제주에 순무어사로 와 있던 이도원도 있었다.

　순무어사는 조선 시대에 지방에서 변란이나 재해가 일어났을 때 지방을 두루 돌아다니며 백성들을 위로하고 사건을 조사하던 임금의 특사였다.

　이도원은 문과에 급제한 후에 홍문관에서 근무하다가 영조의 명을 받고 제주에 파견되었다. 그는 제주에 내려와 반년 가까이 만덕을 지켜보면서 그녀의 재능과 총명함 그리고 고운 자태에 마음을 빼앗겼다.

　이도원은 시간이 나면 만덕과 함께 말을 타고 이야기를 나누는 것을 즐겼다.

　만덕도 어질고 현명한 이도원과 시간을 보내는 것이 즐거웠다.

　"오늘은 좋은 말이 있나 목장을 찾아보자."

　"예, 그리 하시지요."

　만덕과 이도원은 말을 기르는 목장을 찾았다.

제주의 초원은 말을 기르기에 좋은 조건을 갖고 있어 좋은 말이 많았다.

만덕이 이도원과 목장을 찾았을 때 일꾼들이 목장을 돌아다니면서 무언가를 주워 망태기에 담고 있었다.

이도원이 궁금하여 만덕에게 물었다.

"저 사람들은 무엇을 하는 것인가?"

"말똥초기라는 것을 캐는 것입니다. 육지에서는 표고버섯이라 한다 들었습니다."

"표고버섯이 저리도 많다는 말이더냐?"

"그러하옵니다. 특히 요즘에 나는 말똥초기는 아주 맛이 좋아 최고의 반찬거리이지요."

"표고버섯을 반찬으로 먹는다? 한양에서는 약재로 쓰고 있는데 구하기가 힘들어 아주 비싼 값에 팔리는 귀한 것이란다."

이도원의 말에 만덕은 귀가 번쩍 뜨였다. 어려서부터 아버지의 장사에 관심이 많던 만덕이었다. 제주에서는 흔하지만 육지에서는 귀한 것들을 잘만 이용하면 큰 장사를 할 수 있을 것 같았다.

어린 시절 만덕은 장사를 하는 아버지를 보고, 어머니께는 베푸는 삶을 사는 사람들의 이야기를 들으며 자랐다. 그래서 어른이 되면 큰 상인이 되어 많은 돈을 벌고 가난하고 불쌍한 사람들을 도와주겠다고 늘 생각했다.

"이것을 모아서 한양에 가져다가 팔면 돈이 되겠구나!"

만덕이 혼잣소리를 하자 이도원이 말했다.

"무슨 소리냐? 돈이 되다니?"

"아니옵니다, 그저 어린 시절 생각이 나서요."

"너에게 무슨 사연이 있는 모양인데, 어디 한번 들어 보자꾸나."

만덕은 이도원에게 자신이 기생이 될 수밖에 없었던 사연을 이야기했다.

"아, 그런 딱한 사정이 있었구나. 나도 실은 네가 기생으로 살기에는 너무 아깝다고 생각하고 있었다."

한참을 생각하던 이도원이 다시 말을 이었다.

"네가 기생을 벗어날 수 있는 방법이 있을까 한번 생각해 보자. 원래 신분을 되찾아야지 않겠는가? 일단 오늘은 목장에 왔으니 고민을 확 날려 버릴 수 있게끔 신나게 달려 보자꾸나."

"알겠습니다, 나으리."

만덕과 이도원은 말을 타고 달리며 푸른 초원을 가로질렀다. 시원한 바람이 만덕의 몸을 감싸 안았다.

그동안 마음속으로 혼자 고민하던 생각을 누군가에게 털어놓으니 무겁던 머리가 가벼워지는 것 같았다.

"나으리, 이곳에서 한라산이 멀지 않으니 한번 가 보시겠어요?"

만덕은 이도원에게 제주의 명산을 보여 주고 싶었다.

"그래, 제주에도 삼신산의 하나가 있지. 어서 가 보자."

만덕은 이도원과 함께 한라산으로 갔다. 영주산(중국 전설에 나오는 산)이라 불리는 한라산은 금강산, 지리산과 함께 우리나라의 삼신산 중의 하나였다.

"나으리 삼신산에는 하늘을 날아다니는 신선들이 주옥으로 된 나무 열매를 따 먹으며 늙지도 병들지도 않고 유유자적 살고 있다 하옵니다."

"내 오늘 신선을 좀 만났으면 좋겠구나!"

꽃들이 온 산에 가득 피고, 푸른 나뭇잎들이 바람에 흔들렸다.

제주의 멋진 자연을 벗 삼아 한참을 걸은 후에 이도원이 말했다.

"이곳에서 잠시 쉬었다 가자꾸나."

"힘드신지요?"

"오랜만에 먼 길을 달리니 힘들구나. 그런데 이곳은 어디인가? 풍광이 매우 수려하구나."

"어승생악이라 합니다. 임금님께서 타시는 말을 기르는 곳이기에 붙여진 이름입니다. 바로 눈앞에 펼쳐진 저곳이 한라산입니다."

이도원은 감탄했다. 어승생악에서 보이는 한라산의 모습은 장관이었다. 신선이 노니는 산이라 생각하니 더욱 가슴이 벅차올랐다.

"자네는 좋겠구나. 한라산과 언제나 함께 할 수 있으니 말이다. 내가 아름답기로는 둘째가라면 서러울 금강산에도 가 보았지만, 한라산도 그에 못지않구나."

"나으리, 금강산이 그리 아름답습니까?"

"금강산은 사계절의 아름다움이 모두 다르단다. 봄에는 아침 이슬이 떠오르는 태양에 금강석같이 빛난다 하여 금강산이라고 부르고

여름에는 계곡과 봉우리가 푸르름으로 가득하다 하여 봉래산이라 하며, 가을에는 산이 단풍으로 붉게 불탄다고 하여 풍악산, 겨울에는 나뭇잎이 다 떨어져 계곡의 바위를 구석구석 보여 준다고 하여 개골산으로 부를 정도이니 그 아름다움을 무엇으로 찬탄하랴?"

이도원의 말을 들으며 만덕은 금강산의 풍경을 머릿속 가득 그려 보았다. 가 볼 수 없는 산이기에 더욱 빠져들었다. 그 아름다운 모습을 꼭 한 번이라도 직접 보고 싶었다.

세월은 물 흐르듯 빨리 흘렀다. 이도원과 즐거운 생활을 하는 동안 만덕도 모든 걱정을 잊고 있었다.

그러나 제주에 내려온 관리들은 모두 한양으로 되돌아가기를 원했다. 이도원도 마찬가지였다.

"만덕아, 이제 제주를 떠나야 할 것 같다."

"나으리, 벌써 떠나시나요?"

만덕은 아쉬움에 눈물이 흘렀다. 지금껏 만덕의 말동무가 되어 주고 큰 버팀목이 되어 준 이도원이었다.

"만나면 헤어지는 것이 세상의 이치가 아니더냐? 우리가 인연이 있으면 또 만나겠지."

이도원은 만덕의 어깨를 안으며 말했다.

"자네의 꿈이 기생에서 벗어나 장사를 하는 것이라고 했지. 장사를 하려면 밑천이 있어야 하지 않겠나? 내가 한양에서 내려올 때 가지고 온 것과 제주에 머무는 동안 모아 둔 재물이 조금 있네. 이것을 밑천으로 삼아 꼭 성공하기를 바라네."

만덕은 이도원의 마음 씀씀이에 큰 감동을 받았다.

"감사합니다, 나으리의 은혜는 평생 잊지 못할 것이옵니다."

이도원이 떠난 후에 만덕은 어떻게 하면 기생의 신분에서 벗어나 장사를 할 수 있을까 생각했다.

관기는 관청의 재산이었다. 특별한 이유 없이 재산이 줄어드는 것을 허락할 관리는 아무도 없었다.

'아무리 어려워도 노력을 해야 돼. 노력을 하지 않고 되는 일은 하나도 없어.'

만덕은 제주 목사 신광익을 옆에서 돕는 군수 박인재와 판관 한유추를 자신의 집으로 초대했다. 이들이 힘이 되어 주면 기생의 신분을 벗어날 수 있을지도 모른디고 생각했다.

"어서 오십시오."

"그래, 자네가 우리를 초대하다니 무슨 일이 있더냐?"

"아니옵니다."

만덕은 박인재와 한유추에게 귀한 음식과 술을 권했다.

"천하의 만덕이 초대해 주니 기분은 날아갈 듯 좋은데, 만덕 자네 얼굴은 근심이 가득하군."

한유추의 말에 박인재도 맞장구를 쳤다.

"그러게 말일세. 안색이 좋지 않군. 무슨 일이라도 있는 것인가?"

"아닙니다, 오늘은 평소에 신세를 많이 진 두 분께 보답하는 의미에서 대접하겠다는 것뿐입니다."

두 사람은 술을 마시며 만덕의 눈치를 살폈다.

"자네의 안색을 보니 오늘은 영 술맛이 나지 않을 것 같네. 어서 자네의 고민을 말해 보게나."

"나도 마찬가지일세."

만덕은 두 사람이 재촉하자 어렵게 말을 꺼냈다.

"사실 소녀는 양인 출신이옵니다. 어려서 부모님을 여의고 당장 굶어 죽지 않기 위해 행수 기생인 월중선의 수양딸로 들어갔습니다. 그 바람에 기생이 되었던 것입니다."

두 사람은 지그시 눈을 감고 만덕의 말을 들었다.

"참으로 딱하구나!"

"그러나 이제 와서 어쩌겠느냐. 모든 것이 자네의 팔자가 아니겠는가?"

두 사람은 누가 먼저랄 것도 없이 만덕을 위로했다.

"나으리, 제 원래 신분을 되찾고 싶습니다. 혹시 제가 다시 양인으로 돌아갈 수 있는 방법은 없는지요?"

두 사람은 만덕의 말에 자신들의 귀를 의심했다. 지금까지 한 번도 기생이 양인이 된 경우는 본 적이 없었다.

"무슨 말을 하는 것이냐?"

"자네는 양인으로 되돌아가 봤자 지금보다 더 못한 생활을 할 것이 틀림없어. 지금은 비단으로 된 치마와 저고리를 입을 수 있고, 갖가지 고운 화장품에 여러 산해진미를 먹을 수 있지 않느냐? 어찌 이러한 것들을 물리칠 수가 있겠느냐?"

만덕은 입술을 굳게 깨물며 말했다. 만덕의 입은 단호함이 넘쳐 있었다.

"나으리, 소녀가 기생을 벗어나고자 하는 것은 단지 저 혼자만을 위해서가 아닙니다."

"아니, 기생에서 양인으로 되는 것이 자네 혼자만을 위한 것이 아니라니?"

한유추가 이상하다는 듯이 되물었다.

"소녀는 기생을 그만두면 장사를 할 작정입니다. 장사를 하여 많은 이윤을 남긴 뒤에, 어렵게 살고 있는 백성들을 도와주려고 합니다."

"자네의 생각은 기특하네만 여자의 몸으로 장사를 하는 것이 얼마나 어려운 일인지 알고 하는 말인가?"

박인재의 말에 한유추도 거들었다.

"남자들만의 세계에 여자가 끼어들 수나 있겠는가?"

"소녀의 죽은 아비도 제주에서 큰 장사를 했습니다. 어려서부터 보고 배운 것이 있는지라 낯설지 않사옵니다. 또한 모든 일은 사람이 하는 일입니다. 사람이 하는 일에 어찌 남자 여자의 구분이 있겠습니까?"

만덕의 굳은 결심에 한유추가 말했다.

"자네의 결심이 확고하지만 지금까지 기생이 양인으로 신분을 바꾼 적이 없었다네. 그래도 자네의 딱한 사정과 기특한 생각을 고려해 한번 방법을 찾아보겠네. 하지만 너무 기대하진 마시게."

"나으리, 정말 감사합니다."

박인재와 한유추는 만덕을 위로하고 집으로 향했다.

만덕은 한유추의 말에 희망을 가지며 밤하늘을 쳐다보았다. 반짝반짝 빛나는 별 사이로 구름이 떠다니고 있었다.

'나도 저 구름처럼 내가 가고 싶은 대로 마음먹은 대로 갈 수 있으면 얼마나 좋을까?'

집으로 돌아온 한유추는 고민에 빠졌다.

'이를 어쩌나? 만덕에게 양인으로 신분을 올릴 수 있는 방법을 알려 준다고 했는데…….'

밤새 고민을 하던 한유추는 날이 새자마자 제주 목사인 신광익을 찾았다.

"영감, 드릴 말씀이 있는데요."

"무슨 일이오?"

한유추는 머뭇거렸다.

"무슨 일이기에 그리 뜸을 들이시는가?"

"다름이 아니옵고 만덕이 기생에서 양인으로 신분을 올리겠다고 하여……."

한유추는 말끝을 흐렸다.

"아니, 기생이 어찌 양인이 된단 말이오?"

신광익은 기가 찬 듯이 입을 다물지 못했다.

한유추는 어젯밤 만덕에게서 들은 이야기를 신광익에게 들려주었다.

이야기를 다 들은 신광익이 입을 열었다.

"그래도 한낱 기생이 어려운 백성들을 생각하는 마음은 참으로 기특하구나! 한 판관은 한번 속대전을 찾아보시오. 도움이 될 만한 조항이 있을걸세."

한유추는 자신의 방으로 와서 속대전을 뒤졌다. 속대전은 조선 21대 임금인 영조 때 만든 법전이다.

한참 동안 속대전을 들여다보던 한유추는 깜짝 놀랐다.

"아, 이런 것이 있었네."

한유추는 한걸음에 신광익을 찾아갔다.

"영감, 속대전에 노비가 양인이 될 수 있는 방법이 나와 있습니다."

"양인으로 오를 수 있는 방법이 있다고? 거 참. 반가운 소리일세! 만덕이 아주 기뻐하겠군."

신광익은 얼른 한유추가 가져온 속대전을 살펴보았다.

100냥을 나라에 내면 노비가 양인이 될 수 있다는 조항이 있었다.

"그런데 만덕에게 100냥이라는 많은 돈이 있을까?"

"만덕을 불러 물어보는 것은 어떨까요?"

"그래, 만덕을 어서 관아로 불러오시오."

한유추는 만덕에게 전갈을 보냈다. 관아에서 찾는다는 소리에 만덕은 바람처럼 달려왔다.

"나으리, 방법을 찾으셨습니까?"

"그래, 어서 오게나."

한유추가 만덕을 반갑게 맞아 주었다.

"영감께서 자네가 양인으로 오를 수 있는 방법을 알려 주실 것이다."

"양인으로 오를 수 있는 방법을요?"

신광익은 만덕을 보자 속대전을 보여 주었다.

"이것이 네가 양인이 될 수 있는 방법이다."

만덕은 얼른 속대전을 펼쳐 들었다.

"100냥이라고요?"

다시 양인이 될 수 있다는 희망에 기뻐했던 만덕이 긴 한숨을 쉬었다.

"일을 하면서 100냥 정도는 모을 수 있지 않았느냐?"

"돈을 모으기는 했지만……."

만덕이 말을 맺지 못하자 신광익이 답답한 듯 물었다.

"돈을 모았다면 그것으로 내면 되지 않겠느냐?"

"하지만 소녀는 원래부터 양인의 자식이옵니다. 원래 자리로 돌아가려 하는데 어찌 돈을 내야만 합니까?"

"그럼 네가 양인이라는 것을 증명할 수 있겠느냐?"

"소녀의 양어머니인 월중선이 알고 있습니다."

"월중선이라면 예전에 우리 관아의 행수 기생이 아니더냐? 그럼 지금 곧 사람을 시켜 월중선을 불러오도록 하여라."

한유추는 월중선을 관아로 불러들였다.

그동안 만덕은 자신이 겪은 사연을 자세히 신광익에게 말했다.

"허허, 그것 참 안되었구나. 내 꼭 네 신분을 되찾을 수 있도록 힘써 보마."

때맞추어 월중선이 들어왔다. 느닷없이 관아로 끌려오다시피 한 월중선은 당황한 듯 보였지만, 만덕을 보고는 이내 안심하는 눈치였다.

"그대는 거짓 없이 사실을 말하라. 양인인 만덕을 자네가 관기로 만들었는가?"

"예, 제가 관기에서 벗어나고자 수양딸인 만덕을 관기에 추천하였사옵니다."

월중선은 눈물을 흘렸다.

신광익은 한유추와 의논을 하고는 말했다.

"만덕을 오늘부로 관기에서 면천하노라. 네가 양인이 되어 어려운 백성들을 돕겠다는 생각을 잊어서는 안 되느니라."

"감사합니다. 이 은혜 평생 잊지 않겠습니다."

만덕은 신광익과 한유추의 도움을 받아 드디어 기생에서 벗어나 양인이 될 수 있었다. 그때, 만덕의 나이 스물세 살이었다.

만덕은 월중선과 함께 집으로 돌아왔다.

"어머니! 제가 기생에서 양인이 되었어요!"

만덕은 방으로 들어오자마자 월중선을 껴안으며 말했다.

"그래, 내 네 생각만 하면 가슴에 커다란 돌덩어리를 올려놓은 기분이었는데. 정말 장하구나!"

월중선은 기쁨의 눈물을 흘리면 만덕의 두 손을 꼭 잡았다.

"만덕아, 이제 무엇을 하려고 하느냐?"

"목사 영감과 약속했어요. 장사를 해서 큰돈을 벌어 어려운 제주의 백성들을 도와주겠다고요."

"내 너에게 용서를 구하는 마음이다. 이것을 받아 보태어 써라."

월중선은 장롱을 열더니 자신이 평소에 하던 장신구를 만덕에게 주었다.

"이것은 어머니께서 가장 아끼시는 장신구가 아니에요? 받을 수 없어요."

"아니다. 내가 너에게 진 빚을 생각하면 이 정도도 못 해 주겠니?"

"어머니, 고맙습니다. 제가 이 은혜는 꼭 갚도록 하겠습니다."

만덕과 월중선은 함께 기쁨의 눈물을 흘리며 이야기꽃을 피웠다.

김만덕이 들려주는 조선 경제 이야기

조선 시대에도 은행이 있었나요?

조선 시대에 은행의 역할을 했던 금융 형태로 고리대금과 전당포 그리고 객주를 들 수 있어. 이자를 받고 쌀이나 돈을 빌려 주는 고리대금은 조선 시대 금융의 대표적인 형태야. 고리대금이 발생한 원인으로는 지나치게 많은 세금을 들 수 있어. 전근대 사회에서 고리대금은 소농민, 수공업자, 노비 등의 잉여 생산물을 강제로 빼앗는 수단으로 이용되었어. 빌려 주는 것은 쌀과 베였는데, 쌀인 경우 흔히 빌려 준 쌀의 절반을 이자로 받는 장리가 행해졌단다.

전당포는 물품, 유가 증권 등 값이 나가는 물건을 보관하고, 이를 담보로 하여 돈을 빌려 주고 이자를 얻는 금융 기관이었어. 우리나라에서는 고려 시대부터 전당이라는 용어를 사용했지. 처음에는 사람이 돈을 빌리는 담보가 되었어. 그것은 매우 위험했고 많은 폐해를 낳았지.

그래서 충렬왕 3년(1308년), 충숙왕 5년(1318년), 공민왕 1년(1352년)에 각각 사람을 저당잡지 못하게 하는 금령을 반포했어. 그리고 점차 사람이 아닌 물품을 저당 잡히는 것으로 바뀌었으리라 추정되지.

그후 전문적으로 전당업이 발생한 것은 조선 후기 이후의 일이야. 고

종 31년(1894년)에 시작되어 2년 동안 진행된 갑오개혁은 기존의 문물제도를 근대식으로 고치는 개혁 운동이야. 이때 전당업을 발달시키는 개혁안이 다수 포함되었어.

객주는 기원이나 유래는 확실하지 않지만, 고려 시대부터라고 추정돼. 본래 객상 주인이란 뜻으로 물상객주(장사치를 집에 묵게 하거나 그들의 물품을 소개하고 흥정을 붙이는 일 또는 그 일을 하는 사람)와 보행객주(걸어서 길을 가는 장사치만을 묵게 하는 객줏집)의 두 종류가 있어.

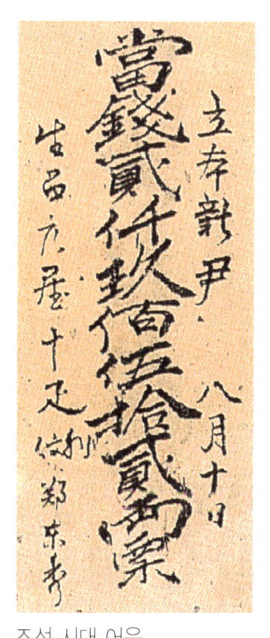
조선 시대 어음

그중에서 물상객주가 금융 기관의 역할을 했단다. 이들은 돈을 빌려 주거나 어음 발행과 인수, 환표(지금의 수표와 비슷함)의 발행, 인수, 예금 등의 금융 업무를 담당하여 자본을 모음으로써 개항 후 새로운 자본 계급으로 성장했어.

장사를 시작하다

"아니, 끼니 걱정 없는 관기를 왜 그만두었을까?"

"그러게, 관아에서도 만덕에게는 함부로 못했다고 하던데."

"양인이래야 먹고 살기도 힘든데. 때마다 세금 걷어 가고 뭐 좋은 것이 있다고."

양인이 된 만덕의 소문은 널리 퍼졌다. 만덕의 사정을 알 리가 없는 이들은 수군거렸다.

사실 사람들의 말도 맞았다. 양인은 나라에 세금을 내야 했다. 어려운 살림살이에 세금까지 부담하다 보니 양인들의 살림살이는 매우 궁핍했다.

하지만 기생은 세금을 내지 않았고, 특히 관기는 나라에서 녹봉이 나오기에 끼니를 걱정할 일도 없었다.

사람들은 산 입에 거미줄 치는 것보다는 비록 천민이지만 호의호식하며 기생으로 사는 게 낫다고 생각한 것이다.

만덕은 다른 사람들의 말에는 신경 쓰지 않았다. 하늘에서 자신을 지켜보고 계실 부모님께 부끄럽지 않은 딸이 되고 싶었다.

만석도 만덕이 양인이 되었다는 소문을 들었다. 만덕이 온다는 소식에 만석은 마을 어귀까지 나와 동생을 기다렸다.

"오라버니, 저 왔어요!"

"그래, 장하다! 부모님이 얼마나 기뻐하시겠니?"

남매는 얼싸안으며 기뻐했다.

"이제 무엇을 할 생각이냐?"

"객주(물건의 사고 팜을 주선하는 중간 상인 또는 그런 곳)를 할 생각입니다."

"객주라고? 이제 관기의 신분에서 벗어나 어엿한 양인이 되었는데 혼례도 올리고 자식도 낳으며 여느 아낙네들처럼 평범하게 살아야 하지 않겠니?"

만덕이 평범한 아낙으로 살기 바라는 만석의 생각과 달리 만덕의 뜻은 확고했다.

"오라버니, 저는 한때나마 기적에 이름을 올린 몸입니다. 혼인을 한다 하여도 첩살이를 해야겠지요. 그건 원치 않습니다."

만덕은 숨죽이지 않고 세상 밖으로 나와 당당하게 살고 싶었다.

"오라버니, 아버지가 하시던 일을 제가 해 보려 해요. 관기로 지내며 제주의 물자와 사람들이 어디로 모이고, 어디로 나가는지 알게 되었습니다."

만석은 만덕의 생각에 매우 놀랐지만 동생의 깊은 뜻이 대견스러웠다.

"그래도 너는 여자인데 남자들만 하는 험한 일을 한다고 하니 걱정이 되는구나."

"걱정 마세요. 부모를 잃고 배를 곯지 않으려고 기생까지 되었습니다. 이제 어떤 역경도 이겨 낼 수 있어요."

만덕의 말에 만석은 눈물이 나왔다.

"모든 것이 이 못난 오라비 때문이구나!"

"그런 말씀 마세요. 제가 객주를 차리기 위해서는 오라버니의 힘이 꼭 필요해요. 도와주실 거죠?"

"그럼, 당연히 내가 도와야지."

그 무렵 조선의 상업은 눈부시게 꽃피고 있었다. 많은 객주들이 생겨나고 고을마다 장이 섰다.

객주에서는 관아나 행상들에게 물건을 공급하고, 상인들을 중간에서 연결하기도 했다. 또한 돈이나 귀한 물건을 빌려 주는 것도 객주의 역할이었다.

새로 생긴 객주가 자리를 잡기 위해서는 좋은 길목에 자리를 잡고 품질 좋은 물건을 확보하는 것이 중요했다.

"어디에 객주를 차릴 생각이냐?"

"건입포에 차리려고 해요."

건입포는 제주와 육지를 연결하는 포구였다.

건입포와 가까운 곳에는 제주 관아가 있었다. 그래서 제주를 드나드는 상인과 제주 관아를 찾는 사람들로 늘 붐볐다.

"자리는 알아보았고?"

"몇 번이나 살펴보고 좋은 자리를 찾아 두었어요."

"얼른 나가 보자."

만덕과 만석 남매는 건입포로 나갔다.

"이곳입니다."

만덕이 점찍은 자리는 명낭 중의 명당이었다. 선입포 입구에 자리하여 제주를 드나드는 사람들이 모두 거쳐 가는 길목이었다.

"이곳은 가격이 꽤 비쌀 것 같은데 처음부터 너무 많은 돈을 들이면 힘들지 않겠니?"

만석이 걱정스럽게 만덕에게 물었다.

"오라버니, 객주는 자리가 중요합니다. 이왕 하려는 장사이니 좋은 자리에서 시작해야 해요."

"그래, 내가 모아 둔 돈이 있다면 도움을 줄 텐데. 그러지 못하니 온몸으로 너를 도우마."

만덕과 만석은 객주 안으로 들어갔다.

"혼자 옵서!"

주인이 반갑게 반겼다.

"주인께 청할 일이 있어 왔습니다."

"나에게 청할 일이라니요?"

"이 객주를 우리에게 파시지 않겠소?"

만덕의 말에 주인은 크게 놀라며 손을 내저었다.

"무슨 소리요? 이곳을 팔라니요?"

"값은 내가 후하게 쳐 드리리다."

"아무리 많은 돈을 준다고 해도 팔지 않겠소."

주인의 말에 만석이 나섰다.

"혹시 만덕을 아시오?"

"제주 기생 만덕을 모르는 사람이 어디 있겠소?"

"바로 이 사람이 만덕이오. 얼마 전 기생에서 양인이 되었다오. 이 사람이 새로운 일을 시작하려고 하는데 한 번 도와주시오."

"당신이 바로 그 만덕이란 말이오?"

주인은 만덕을 다시 한 번 쳐다보았다.

"내 잘 생각해 보고 연락을 드리리다."

객주 주인이 마음을 정하는 동안 만덕은 만석과 함께 팔려고 생각했던 물품들을 마련할 방법을 알아보았다.

"오라버니, 제가 찾는 물건들을 잘 기억하세요. 제주에는 흔하나 육지에서는 구하기가 쉽지 않아 값이 꽤 나가는 것들입니다."

만덕은 한양에서 내려왔던 순무어사 이도원이 말한 품목들을 상세히 기억하고 있었다.

"양태와 귤, 옥돔, 미역, 표고, 전복, 녹용 등이에요. 이러한 물건들은 눈여겨보시고 가격을 잘 맞추어 많이 사 두어야 합니다."

"그럼 그 물건들을 배에 싣고 육지로 나간단 말이지?"

"그렇지요. 그리고 돌아오는 길에 제주에 귀한 물건들을 사 가지고 와서 팔면 많은 이윤이 남을 거예요."

만덕과 만석은 제주의 이곳저곳을 다니며 이도원이 알려 주었던 제주의 특산품들을 모았다. 또한 만덕은 관기로 지내며 눈여겨보았던 관아에서 필요로 하는 물건들도 함께 구해 놓았다.

눈썰미가 좋고 영특한 만덕이었다. 무엇을 어떻게 팔아야 하는지 그 누구보다 잘 알고 있었다.

만덕은 생각해 두었던 물건들을 구해서 창고에 쌓아 두고 객주를 차릴 준비를 차곡차곡 해 나갔다.

하지만 연락을 준다던 건입포의 객주 주인은 깜깜 무소식이었다.

하루가 지나고 또 하루가 지났다. 만덕은 애가 탔다.

그런데 며칠이 지나 건입포 객주 주인이 만덕을 찾아왔다.

"절대로 객주를 팔지 않으려 했으나 내 마음을 바꾸었소. 이름을 날리던 기생을 그만두고 장사를 한다고 하여 처음에는 의아했지. 그런데 얘기를 듣자하니 어려운 이들을 돕고자 하는 마음을 가지고 있더군. 그 마음이 정말 대단하오. 잘 해 보시오."

"고맙습니다."

만덕은 고개를 숙여 인사를 했다.

드디어 만덕은 어엿한 객주의 주인이 되었다.

"아버지, 어머니가 살아 계신다면 얼마나 대견해하셨을까?"

"아마 다 지켜보고 계실 거예요."

"그래, 그러시겠지. 아버지, 만덕이가 아버지처럼 장사를 한답니다. 어머니, 이제 아무 걱정 마시고 편히 쉬세요."

만덕과 만석은 부모님을 생각하며 열심히 살기로 다짐했다.

"참! 오라버니, 저를 도와주실 때 반드시 잊지 말아야 할 것이 있어요."

"그것이 무엇인데?"

만덕은 그동안 큰 장사를 하기 위해서 꼭 필요하다고 생각한 덕목을 만석에게 이야기했다.

"첫째는 우리의 이익만 남기려고 하면 안 됩니다. 우리가 이익을 적게 보더라도 생산자나 중도아(중간 도매상)에게 적당한 가격을 주고 물건을 사야 합니다. 너무 싼값에 물건을 사려고 하면 품질이 떨어져서 결국 우리에게 그 피해가 고스란히 올 것입니다. 또 그들이 이익이 남아야 좋은 물건으로 우리와 계속 거래를 할 수 있어요. 무엇보다 가장 중요한 것은 정직한 신용이에요. 우리를 믿고 거래하려는 사람이 많아야, 품질 좋은 물건도 많이 가져올 것입니다."

"아우의 생각을 잘 새기겠네."

만덕은 다음 날부터 장사를 시작했다.

만덕이 객주를 열었다는 소문은 금방 제주 곳곳에 전해졌다. 제주뿐만 아니라 육지에도 전해졌다.

"만덕이 객주를 열었다네."

"그러게. 아니, 남자도 하기 힘든 일을 어찌 하려고."

어떤 사람들은 진심으로 걱정해 주었고, 또 어떤 사람들은 호기심으로 관심을 보였다.

육지에서 오는 상인들은 제주의 명기였던 만덕을 보기 위해 일부러 만덕의 객주를 찾기도 했다.

"혼자 옵서!"

만석은 객주를 찾아오는 상인들에게 큰 소리로 인사를 했다.

"전에 말했던 양태를 구해 놓았소?"

"예, 말씀하신 대로 구해 놓았습니다. 그리고 육지에 다녀오실 때 쌀이나 무명을 구해 주십시오."

만덕은 쌀과 제주의 특산물을 많이 바꾸었다. 제주는 벼농사를 짓기가 힘들어 항상 쌀이 부족했다.

만덕은 상인들의 잠자리를 마련해 주고 그들의 물건을 창고에 보관해 주기도 했다. 또 육지 상인들이 가져오는 물건을 제주 상인이 살 수 있도록 중간에서 다리를 놓는 역할도 했다.

그런데 만덕이 객주를 한다고 하여 처음에는 호기심으로 만덕의 객주를 찾던 상인들의 숫자가 차츰 줄어들기 시작했다.

"물건을 처음 팔기 시작한 여자보단 남자가 낫지 않겠어?"

"맞아, 그래도 장사는 남자끼리 해야 돼."

여자보다 남자를 귀히 여기던 시대였다. 만덕이 주로 남자들이 하는 장사를 하기 위해서는 많은 장애물을 이겨 내야 했다.

객주에 손님이 점점 줄자 만석은 애가 탔다.

김만덕이 들려주는 조선 경제 이야기

조선 시대의 점포들도 광고를 했나요?

조선 시대의 점포들은 다양한 방법으로 상호를 표시하고 광고를 했어.

시전(지금의 종로를 중심으로 한 시장)을 걷다 보면 대문 앞에 하얗게 칠한 조그만 쪽박을 걸어 놓은 집을 흔히 볼 수 있었지. 살며시 문을 열고 보면 거기에 풀을 쑨 바가지를 물에 담가 놓은 그릇이 있었단다. 쪽박이 걸려 있는 집은 바느질할 때 쓰는 풀을 파는 점포인거야.

집집마다 바느질을 하자면 으레 붙임풀이 있어야 했지. 붙임풀을 사러 간 사람은 주인을 찾을 것도 없이 동전 한 닢을 물속에 넣고 풀을 바가지로 똑 떠 가져오면 되었어.

다른 종류의 점포에서도 이렇게 물건을 걸어 놓고 간판이나 상호로 삼는 경우가 많았지. 술을 담글 때, 독 속에 꽂아 술을 거르는 데 쓰이는 용수를 장대 끝에 꽂아 집 앞에 세우면 술집이야.

무당집의 하얀 깃대, 까만 깃대는 지금도 사용되고 있어. 또 아주 어수룩하여 싸게 판다는 뜻으로는 호랑이가 장죽으로 담배 피우는 그림을 그려 걸기도 했어. 포목전은 사모관대와 원삼 족두리를 걸어 신랑과 색시를 표시했단다.

조선 시대의 간판은 어떤 가게인지 광고를 하는 목적 외에 권력을 나타내기도 했어. 한양의 육의전이 그 대표적인 예야.
　나라에서 그 물품에 대한 독점권을 부여받은 육의전은 노랑 바탕에 빨강 테두리의 깃발을 점포 앞에 걸어 두고 검정색으로 글씨를 써서 어떤 물품을 파는지 나타냈단다.

시전의 점포

제주의
거상이
되다

"이러다가 우리 망하는 게 아니냐?"

"너무 걱정하지 마세요. 우리 물건이 좋고 가격이 맞으면 상인들이 다시 찾아올 거예요."

"아우는 무엇을 믿고 그리 자신하느냐?"

만덕은 만석의 말에 빙그레 웃기만 했다. 하지만 만덕 역시 속으로 애가 타기는 마찬가지였다.

'이 일을 어떻게 해결할까?'

갑자기 만덕의 머릿속에 기생 시절이 떠올랐다.

'맞아, 바로 그거야.'

만덕은 곧 만석을 불렀다.

"오라버니, 지금 육지로 나가는 상인에게 부탁하여 가체와 화장품을 사 오도록 하세요."

"가체라니?"

가체는 부녀자들이 치장을 위해 머리에 다리(여자의 머리숱을 많아 보이게 하려고 덧 넣었던 딴 머리)를 얹어 더욱 높고 풍성하게 만드는 일

종의 가발이었다.

가체에 필요한 다리는 검은 숱이 많고 윤기가 나는 것을 가장 좋은 것으로 여겼다.

그러나 질 좋은 다리를 구하기란 그리 쉬운 일이 아니었다. 다리 하나를 만들려면 여러 사람의 머리카락이 들어가야 했고, 사람마다 머리카락 색깔이 달라 비슷한 색깔을 모으기도 어려웠다. 그래서 가체는 매우 비싸고 귀했을 뿐만 아니라 제주의 여인들에게는 아직 낯선 물건이었다.

"여자들이 머리에 덧쓰는 큰머리랍니다. 한양의 부잣집 여인네들이 멋을 부리기 위해 즐겨 하지요."

"그런데 아우는 왜 가체를 사 오라고 하는 거냐?"

"제주에노 돈 있는 양반가의 부인들이나 기생들이 탐을 낼 거예요. 어서 육지로 나가는 상인을 알아보시고 가체와 화장품을 되도록 많이 구해 오세요."

"아우의 말대로 하겠다만 잘될지 모르겠구나."

만석은 걱정스러운 얼굴로 밖으로 나가 상인을 알아보았다.

며칠 후, 육지로 나갔던 상인이 가체와 화장품을 사 왔다.

상인이 사 온 물건들을 꼼꼼히 살핀 만덕은 이번에는 만석에게 제주에서 활동하는 매분구들을 전부 객주로 불러 모으게 했다.

매분구는 집집마다 여자들을 찾아다니며 여성들이 사용하는 물건들을 파는 행상이었다. 외출이 자유롭지 못한 여자들은 매분구를 통해 필요한 물건을 구하고, 여기저기 떠도는 세상 이야기를 전해 들었다.

만석은 이곳저곳으로 연락을 하여 매분구들을 모이게 했다.

매분구들은 객주 주인인 만덕이 자신들을 찾는다는 말에 의아해하면서 건입포로 모였다.

웅성거리는 매분구들을 향해 만덕이 말했다.

"여러분들에게 좋은 일거리를 드리겠습니다. 이곳에서는 가체와 화장품을 구하기가 어렵습니다. 앞으로 저희 객주에서는 질 좋은 가체와 화장품을 육지에서 가져올 것입니다. 그러면 여러분들이 마을을 돌면서 그것들을 여인들에게 파는 것이지요."

가체라는 말에 매분구들은 실망하는 눈치였다.

"제주에서 가체를 할 만한 여인이 있을까요?"

"맞아요, 이곳에는 가체를 할 만한 부자가 없어요. 시골 아낙들이 가체가 무엇인지나 알겠습니까?"

"그렇지 않습니다. 아름다움을 싫어하는 여자는 없습니다. 분명히

경제적으로 조금 여유가 있는 집 여인들은 가체에 관심을 가질 것입니다. 그리고 여러분들이 물건을 팔고 남은 이윤에 따라 돈을 드리겠습니다. 이를 행가라고 하지요."

매분구들에게 이런 제안은 처음 있는 일이었다. 모두들 만덕의 말을 반신반의했지만 일단 자신들의 물건이 아니었고 파는 만큼 행가도 준다고 하니 가체와 화장품을 들고 나섰다.

만덕은 얼마 전까지 자신이 생활했던 교방으로 갔다.

"이게 누구예요? 만덕 형님 아니세요. 그동안 별고 없으셨죠?"

"오랜만이네."

관기들이 만덕을 반갑게 맞았다.

만덕은 관기들을 불러 모은 후 가체를 내보였다.

"이것은 한양에서 유행하는 가체라는 것이야. 양반집 여인들이나 기생들이 많이 하고 다니지. 이것을 머리에 하면 모양도 예쁘고 머릿결도 훨씬 고와 보인단다."

만덕의 말에 관기들은 너도나도 가체를 집어 들었다.

"만덕 형님, 이 가체라는 것이 참말로 곱네요. 이것은 값이 얼마나 하나요?"

만덕이 가체의 가격을 말하자 관기들은 모두 놀랐다. 그리고 아쉬

위하며 가체를 방바닥에 내려놓았다.

"가체가 워낙 귀하다 보니 적은 가격이 아니란다. 그래서 이번에는 너희에게 이윤을 남기지 않고 싼값에 가체를 팔려고 해. 대신 다른 기생들에게 가체에 대해서 이야기를 좀 해 주면 어떻겠니?"

만덕의 말에 관기들의 얼굴이 환해졌다.

"그게 정말이세요? 그럼 나는 이것으로 살 거예요."

"나도요."

만덕이 가지고 간 가체는 하나도 남김없이 모두 팔렸다. 덩달아 함께 들고 간 화장품도 모두 팔렸다.

가체를 한 관기들의 고운 자태는 널리 소문이 났다. 그래서 제주의 기생들도 너 나 할 것 없이 만덕 객주에서 파는 가체를 갖고 싶어 했다.

기생들뿐만 아니라 제주의 양반집 여인들도 화려하고 아름다운 가체에 마음을 빼앗겼다. 그래서 매분구들도 순식간에 가체를 팔 수 있었다.

만덕은 가체를 팔고 남은 이윤을 매분구들과 나누었다.

만덕이 약속을 지키자 매분구들은 계속 만덕과 일을 하고 싶어 했다.

"만덕 어르신의 일을 하면 좋은 일이 많을 것 같아."

"맞아, 행수님이 팔라고 주신 화장품도 열심히 팔아야겠어."

"그럼, 그래야 또 행가를 받을 것이 아닌가."

관기들에게 가체를 판 만덕은 이번에는 화장품을 들고 제주 관아를 찾았다.

"나으리, 편안하신지요?"

"이게 누군가, 만덕이 아닌가?"

제주 목사 신광익은 만덕을 반갑게 맞아 주었다.

"객주는 잘되는가?"

"여자의 몸으로 하다 보니 어려움이 많습니다."

"그래도 열심히 해 보게. 자네는 사리가 밝고 영특하니 잘할 수 있을 걸세. 게다가 자네는 대장부 같은 배포도 가지고 있지 않은가?"

"감사합니다, 나으리. 제가 꼭 여자도 할 수 있다는 것을 보여 드리겠습니다."

신광익과 인사를 나눈 후 만덕은 관리들을 불러 모았다. 그리고 화장품을 꺼내 보였다.

"나으리들, 제가 마님들께 선물하시라고 화장품을 가져왔습니다."

"에이, 이 사람아! 농을 해도 어찌 그런 농을 하는 게야! 남자가 아녀자에게 화장품을 선물하다니 그 얼마나 우스운 일인가."

"아닙니다, 이제 시대가 바뀌었습니다. 남자들도 부인들에게 화장품 선물도 주면서 정을 나누어야 합니다."

"만덕이 자네가 많이 어려운 모양이나, 이것은 아닐세. 내 자네를 높이 평가했건만 몹쓸 사람이구먼"

관리들은 하나둘 만덕의 곁을 떠났다. 만덕이 화장품을 팔러 나선 첫날은 성과가 없었다. 그러나 만덕은 실망하지 않았다.

"내 기어코 화장품을 팔리라."

다음 날 제주 관아의 조회가 끝나고 관리들이 나서는 시간에 맞추어 만덕이 들어섰다.

관리들은 만덕을 보자 못 본체 하며 돌아섰다. 만덕은 관리들을 뒤쫓았다.

"나으리, 마님이 화장품을 발라 예뻐지면 마님의 기분도 좋아질 것입니다. 예부터 가화만사성이라 하지 않았습니까? 안주인의 기분이 좋으면 집안에 웃음이 가득하고, 집안 분위기가 좋으면 나으리께서 관아에 나와도 일이 잘되실 것이 아니옵니까?"

"만덕이 객주에 몸담더니 이제 장사꾼이 다 되었구먼."

"그러게 말이야."

"우리가 살 수밖에 없도록 하는군."

돌아섰던 관리들이 하나둘 만덕의 주위로 모였다. 그들은 저마다 부인들에게 줄 화장품을 골랐다.

이 일이 있은 후 만덕이 관아를 찾아가지 않아도 관리들이 만덕의 객주를 찾게 되었다.

어느 날 관리들이 찾아와 어머님께도 화장품을 선물하고 싶은데 어떤 것이 좋을지 물었다.

만덕은 전라도에서 가져 온 조두를 선보였다.

조두를 처음 본 관리들은 의아해하며 무엇에 쓰는 물건인지를 물었다.

"조두는 녹두와 팥 등을 갈아서 만든 것이에요. 얼굴을 닦는 데 쓰인답니다. 세수를 할 때 이 가루로 얼굴을 문지르면 더러운 것이 잘 닦이면서 얼굴이 하얘진답니다. 어찌나 잘 닦이는지 중전마마도 쓰시는 귀한 것이지요."

"중전마마도 쓰신다고?"

만덕의 말에 관리들이 앞다투어 화장품과 조두를 사갔다.

관리들이 돌아가자 이번엔 매분구가 만덕을 찾아왔.

"드릴 말씀이 있습니다."

"무슨 말이요?"

"양반집 마님들에게는 화장품을 모두 팔았답니다. 이곳저곳을 다니다 보니 일반 여인네들도 화장품에 관심이 많다는 걸 알았습니다. 그런데 값이 비싸 살 엄두를 못 냅니다. 좋은 방법이 없을까요?"

고와지고자 하는 여자들의 마음은 신분의 차이가 있을 수 없었다.

매분구가 돌아간 후 만덕은 곰곰이 생각에 잠기었다.

"어르신, 칠성이입니다."

칠성은 어릴 적 풍랑에 아버지와 어머니를 잃은 고아였다. 혈혈단신 불쌍한 아이를 만덕이 데려다가 심부름도 시키고 일도 가르치며 함께 지내고 있었다. 칠성은 워낙 똑똑하고 성실하여 만덕에게 큰 힘이 되었다.

"무슨 일이냐?"

방 안으로 들어선 칠성이 말했다.

"어르신, 아까 매분구와 나누는 말씀을 우연히 들었습니다. 제 생각에는 물건을 그 값의 일부만 먼저 받고 내어 준 후 나머지 값은 일정하게 나누어 받으면 좋지 않을까 싶습니다."

"좋은 생각이로구나. 그럼 내일 매분구와 다른 상인들에게도 그렇게 물건을 팔도록 이르자꾸나."

"저의 소견을 받아주셔서 감사드립니다."

"아니다, 언제든 좋은 생각이 있으면 말해라."

칠성은 인사를 하고 방을 나갔다.

만덕은 칠성을 계속하여 공부시키면 훌륭한 상인이 될 것이라 생각했다.

칠성의 생각대로 물건을 팔자 상인들이나 물건을 사는 사람들의 부담이 훨씬 줄어들었다.

매분구들은 제주 구석구석에 만덕의 객주에 대한 좋은 이야기를 많이 전했고, 사람들은 다시 만덕의 객주를 찾기 시작했다.

만덕은 객주의 규모를 늘릴 시기라고 생각했다.

"오라버니, 이제 창고를 크게 짓고, 배도 마련해야겠어요."

"배까지 사려면 많은 돈이 필요할 텐데……."

만석은 만덕이 객주를 키우는 것을 걱정했다.

하지만 만덕의 생각은 달랐다. 당장의 이익보다 멀리 보고 크게 생각하는 만덕이었다.

"배를 사면 오라버니가 직접 육지로 가셔서 중도아를 거치지 말고 물건을 사 오세요. 그럼 훨씬 물건을 싸게 팔 수 있을 거예요."

"내가 육지로 나간다고?"

만석은 기대도 되고, 걱정도 되었다. 날씨가 좋으면 해남까지 하루면 도착할 거리였지만, 바다의 날씨는 누구도 알 수 없기에 걱정스러웠던 것이다. 그래도 만석은 육지를 구경할 수 있다는 마음에 들떠 있었다.

만덕의 예상대로 만석이 직접 육지에 나가 좋은 물건을 구해 오면서 객주는 더욱 번창했다. 객주가 손님으로 넘쳐 나고 활기를 띠면서 육지의 상인들까지 만덕의 명성을 알게 되었다. 그들 사이에서는 제주의 특산품을 구하려면 만덕을 통해야만 품질 좋은 물건들을 얻을 수 있다는 소문까지 퍼졌다.

만덕은 객주의 큰살림을 돌보느라 바쁜 나날을 보냈다.

어느 날 제주 관아에서 만덕에게 급히 들어오라는 연락이 왔다.

제주 관아에서도 역시 필요한 물건이 있으면 만덕을 찾았다.

새로 부임한 제주 목사 이철운은 만덕을 반갑게 맞았다. 그리고 만덕을 급히 찾은 이유를 이야기했다.

"혹시 객주에 미역이 있는가? 지금 궁에서 미역이 급히 필요하다네. 그런데 당장 미역을 구할 수 없어 큰일일세. 나를 좀 도와주게."

제주 목사는 만덕에게 간곡하게 부탁했다.

맛이 좋은 미역은 제주 바다에서만 나는 귀한 물건이었다. 그래서 가끔 임금님께 바치는 진상 품목이기도 했다.

그런데 만덕의 객주에도 미역은 없었다. 궂은 날씨가 계속되면서 물질이 어려웠기 때문이었다. 또한 삼 년째 지속되는 흉년으로 제주의 거의 모든 먹을거리들이 귀한 때였다.

"제가 한번 구해 보겠습니다. 너무 걱정 마세요."

객주로 돌아온 만덕이 칠성을 불렀다.

"칠성아, 관아에서 미역이 급하게 필요하다고 하는구나. 빨리 미역을 구해야겠다."

"어르신, 지금 미역을 구하기는 하늘의 별따기만큼 어렵습니다."

"중도아늘을 거치시 말고 네가 직접 바닷가 마을늘을 돌아봐라."

칠성은 미역을 찾아 바닷가 마을을 찾아다녔다.

그러나 예상했던 대로 미역을 구하기가 쉽지 않았다. 이 마을 저 마을 발이 부르트도록 돌아다녔지만 헛수고였다.

칠성은 늦은 점심을 먹기 위해 주막에 들렀다.

"아이고, 밥때를 한참 놓치셨네. 뭘 드릴까요?"

"미역을 구하러 다니다 보니 그렇게 되었소. 국밥 한 그릇 주소."

"미역을 구한다고요? 그럼 성산으로 한번 가 보시오. 그곳에는 미역이 있다는 소문을 들었소."

칠성은 밥을 뜨는 둥 마는 둥 하고는 헐레벌떡 성산으로 향했다.

성산에 도착하니 어느덧 해가 지고 있었다.

그런데 분명히 저녁밥을 지을 시간인데도 굴뚝에서 연기가 나는 집을 찾아볼 수 없었다.

"밥을 짓는 집이 없다니 참으로 살기가 어려운 모양이야."

칠성은 미역을 말리기 위해 널어놓은 집이 있는지 찬찬히 마을을 둘러보았다.

한참을 살핀 끝에 한 노인이 마당에 미역을 널고 있는 것을 발견했다.

반가운 마음에 칠성은 노인에게 인사를 건네며 노인이 갖고 있는 미역을 모두 사겠다고 얘기했다.

"이 미역은 팔 것이 아니라 먹기 위한 것이오. 일없으니 나가시오."

"미역을 팔지 않는다고요?"

칠성이 다시 한 번 물었다.

"팔지 않는다 하지 않았소."

노인은 큰소리를 치며 칠성을 내쫓았다. 영문도 모른 채 쫓겨난 칠성은 하는 수 없이 다른 집을 찾아보았다.

조금 더 마을을 둘러보자 마당에 미역을 널어놓은 집을 찾을 수 있었다.

마당에는 삐쩍 마른 할머니가 앉아 있었다.

"할머니, 미역을 사러 왔습니다."

"미역을? 또 미역 훔치러 왔구먼! 안 팔아!"

할머니는 칠성에게 날카롭고 싸늘하게 쏘아붙이고는 방으로 들어가 버렸다.

미역이 있는 다른 집들도 마찬가지였다.

칠성은 마을 주민들의 차가운 태도에 어리둥절했다. 어떻게 해서든 내일까지 미역을 구해서 만덕에게 돌아가야 했다. 칠성은 일단 밤이 깊었으니 내일 다시 마을 주민들을 설득하기로 생각하고 가까운 주막으로 갔다.

칠성은 주막에서 마을 사람들이 왜 자신에게 차가운 태도를 보였는지 주모를 통해 알 수 있었다. 지독한 흉년으로 모두가 굶주리고 힘들었던 지난해, 마을 사람들의 유일한 희망은 미역이었다. 그런 미역을 객주의 중도아들이 갖은 트집을 잡으며 값을 터무니없이 내린 것이다. 결국 헐값에 미역을 넘긴 마을 사람들은 상황이 전혀 나아지지 않은 올해에는 아예 미역을 팔지 않고 자신들이 먹기로 했다는 것이다.

다음 날 칠성은 주모를 불렀다.

"주모, 미역 가격을 중도아들보다 잘 드릴 것이니 나를 믿고 마을 사람들을 모아 주시오."

칠성의 말에 주모는 어디 이야기나 한번 들어 보자는 마음으로 마을 사람들을 주막으로 불러 모았다.

"여러분들이 중도아들에게 어떤 가격으로 미역을 팔았는지 몰라도, 나는 그들이 사는 가격의 두 배를 드리겠소."

칠성의 말에 마을 사람들의 얼굴에 환한 미소가 피었다.

"그것이 정말이오?"

"나는 김만덕 상단에서 왔소. 우리 김만덕 어르신은 사람들 간의 믿음을 매우 중시하는 분이라오. 앞으로 생산하는 미역도 높은 가격으로 사 줄 테니 우리를 믿고 거래합시다!"

칠성의 말에 마을 사람들은 환호를 했다. 칠성은 마을 사람들에게 사들인 미역을 가지고 객주로 돌아왔다.

만덕은 미역을 제주 관아에 가져갔다. 제주 목사는 만덕의 손을 잡으며 고마워했다.

만덕은 이제 제주에서 손꼽히는 상인이자 부자가 되었다.

하지만 늘 어려웠던 때를 생각하며 근검절약하는 생활을 했다. 특히 옷차림과 같은 겉모습 치장에는 매우 인색해서 행색만 보고는 누구도 만덕이 큰 부자라는 사실을 알기 힘들었다.

자신이 얼마나 부자인지를 드러내기 위해 갖은 치장을 하는 다른 상인들과는 다른 모습에 간혹 지독한 구두쇠라는 오해를 받기도 했지만 만덕은 신경 쓰지 않았다.

8 김만덕이 들려주는 조선 경제 이야기

조선 시대에도 주식이 있었나요?

오늘날 주식 시세는 경제 흐름을 알아보는 중요한 척도란다. 뉴스에서도 매일 증권 시장의 동향을 전해 주고 있지.

조선 시대에도 주식이 있었을 뿐만 아니라 이에 따른 증권 시장도 형성되어 있었어.

조선 중기 대동법이 실시되면서 나라에 물품을 전문적으로 납품하던 공인이 등장하고 상공업이 발달하면서 주식이 상용화되었지.

조선 시대의 증권을 '고본'이라고 했어. '고'는 인체의 일부분인 넓적다리만을 뜻하다가, 인체뿐만 아니라 사물의 일부분을 나타내는 말로도 쓰이게 되었지.

이 때문에 옛날 중국에서는 본대에서 떨어져 나온 작은 부대를 고라고 했고, 경제의 한 부분인 주식도 고라고 했어.

요즘의 증권 회사에서 주식을 사고파는 일을 중개하듯이 옛날에는 '고본 객주'가 주식을 사고파는 일을 중개했단다. 이들은 본래의 업무보다 고본을 담보로 돈을 빌려 주는 대출 업무를 많이 했어.

'복전고(福錢股)'는 고본 중에 가장 비싼 것이야. 누군가 이 고본을 담보

로 돈을 대출받아 크게 성공했다는 소문으로 최고 30배까지 가치가 오른 주식이야. 그래서 복을 불러 주는 고본이라 하여 '복전고'라고 불렀단다.

옛날에도 투자 유망 주식과 수익이 좋은 주식이 있었던 모양이야. 투자 유망 주식은 '암고본', 수익이 좋은 주식은 '수고본'이라고 했어.

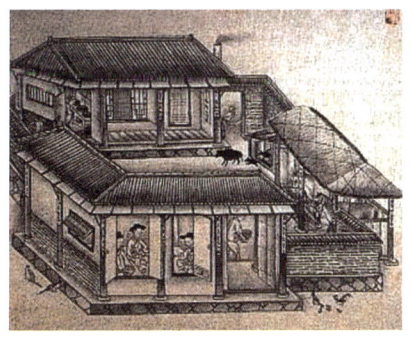

객주의 모습

부자의 길을 알려 주다

"아우야, 무슨 일이라도 있는 것이냐?"

"아니에요."

"그런데 왜 밥을 그리 먹지 못하느냐?"

"칠성이가 성산으로 미역을 사러 갔을 때 굶주리는 백성들을 보았다고 하네요."

제주는 계속해서 지독한 흉년이 들어 많은 이들이 어려운 생활을 하고 있었다. 먹을 것을 구하지 못해 거리에 나와 구걸을 하는 이들도 생겨났다.

만덕은 자신만 배불리 좋은 음식을 먹는 것 같아 마음이 편치 않았다.

"오라버니, 내일 아침부터 우리 집 대문 옆에 뒤주를 가져다 놓으세요. 굶주리는 백성들이 하루에 쌀 한 되씩 퍼 갈 수 있도록 알리세요."

만덕의 이야기를 들은 만석은 깜짝 놀랐다. 가난은 나라님도 구제 못한다고 하지 않았던가.

그런데 만덕이 가난하고 어려운 사람들을 아무 대가 없이 도우려 하는 것이었다.

"완전히 밑 빠진 독에 물붓기가 아니겠느냐? 더구나 누가 지키지 않으면 마구 퍼 갈 게 아니냐?"

"제가 도와줄 수 있는 만큼은 해야지요. 그리고 저는 사람들을 믿습니다. 서로 약속을 지키면 많은 이들이 쌀을 가져갈 수 있다는 것을 그들도 알 것이에요."

만덕의 고집을 꺾을 수 없다는 것을 아는 만석인지라 시키는 대로 했다. 칠성은 제주 곳곳에 방을 붙였다.

김만덕 객주에서 아침에 쌀을 무료로 나누어 줄 계획입니다. 뒤주에서 한 사람이 퍼 갈 수 있는 양은 하루 한 되입니다.

방을 본 제주 백성들은 환호성을 질렀다.

"이제 굶주림에서 벗어나나 보다."

제주 백성들은 쌀 구경을 할 수 있다는 사실만으로도 배가 부른 것 같았다. 구두쇠인 줄 알았던 만덕의 깊은 마음 씀씀이에 모두들 감탄하지 않을 수 없었다.

사람들이 이른 새벽부터 만덕의 객주 앞에 모여들었다. 어찌나 많은 이들이 모였는지 그 줄이 건입포 밖까지 길게 늘어섰다.

비록 한 되씩이었지만 워낙 많은 이들에게 나누어 주다 보니 뒤주에 담아 놓은 쌀은 순식간에 없어졌다. 쌀이 떨어지면 칠성은 객주의 창고에서 쌀을 가져다 뒤주에 채워 넣기 바빴다.

"항상 검소하게 생활하더니 우리를 위해서 이렇게 돈을 쓰니 대단한 사람이야."

만덕 덕분에 많은 사람들이 한 끼 밥을 해결할 수 있었다.

정조 18년(1794년) 가을, 제주 사람들이 수확의 기쁨을 만끽하려던 때였다.

"올해는 풍년이지."

"암, 그렇고말고."

"삼 년 정도 흉년이 들었으니, 이제는 풍년이 들 때가 되었지."

그러나 마치 하늘이 제주 사람들에게 크게 노여워한 듯 갑작스레 태풍이 몰아쳤다. 수확을 앞둔 곡식은 풍비박산이 되었다. 이제 제주 사람들은 굶어 죽을 판이었다.

만덕은 더 많은 이들에게 도움을 주기 위해서는 쌀을 나누어 주는 것 말고 다른 방법이 필요하다고 생각했다.

만덕은 마당에 큰 솥을 걸어 죽을 쑤었다. 그리고 만덕의 객주를 찾아오는 모든 이들에게 죽을 나누어 주었다.

"아우야, 이렇게 고생을 할 필요는 없지 않느냐?"

"아닙니다. 백성들이 아파하는데 우리만 배불리 먹을 수는 없지 않겠습니까?"

이 소식은 금세 제주 관아에까지 전해졌다. 이에 제주 목사 이철운은 만덕의 객주를 찾았다.

제주 목사 이철운은 백성보다는 자신의 잇속을 먼저 챙기는 사람이었다. 극심한 흉년으로 굶어 죽는 백성들이 점점 늘어 가는 데도 사사로운 욕심을 채우는 일을 멈추지 않았다. 심지어는 제주의 기근을 염려하여 조정에서 보내온 곡물조차 중간에서 가로채는 바람에 백성들에게는 어떤 혜택도 돌아가지 않았다. 이 일로 백성들 사이에서는 이철운에 대한 원성이 자자했다.

만덕은 이철운을 정중히 반겼다.

"영감님께서 이곳까지 찾아오시니 송구스럽습니다. 영감님, 점심 때가 되었으니 식사를 하셔야지요?"

만덕은 이철운을 자신의 방으로 안내했다. 만덕의 방은 변변한 살림살이 없이 매우 좁고 초라했다. 만덕의 생활은 사람들에게 알려진 그대로 검소했다.

"제주 제일의 대상인이 이렇게 좁은 방에서 생활할 줄은 몰랐네."

이철운의 말에 만덕이 오히려 당연하다는 듯이 웃으며 말했다.

"글쎄요, 장사를 하는데 장소가 무슨 상관이 있겠습니까? 단지 마음이 중요한 것이 아니겠습니까? 저는 이 방의 크기에 익숙해져 큰 불편을 느끼지 못하고 있습니다."

만덕과 이철운이 이야기 나누는 동안 밥상이 들어왔다. 보리를 반 이상 섞은 밥에 콩나물국, 콩자반, 귀한 손님이라고 하여 특별히 준비한 것이 고등어 한 토막이 전부였다.

이철운은 만덕이 제주 목사인 자신을 소홀히 대하자 몹시 기분이 상했다. 그래서 몇 숟가락을 뜨다가 마는 것으로 불편한 심기를 전했다.

그러자 만덕이 기다렸다는 듯 입을 열었다.

"제가 감히 영감님께 드릴 말씀이 있습니다. 변변한 대접도 못해 드려 죄송합니다만 이 식사는 일반 백성들이 먹는 것에 비하면 진수성찬입니다. 이것을 잡숫지 못하는 것을 보니 나라의 앞날이 은근히 걱정되는군요. 관리와 백성이 이처럼 동떨어져서야 어찌 백성이 진심으로 따르겠습니까?"

이철운은 신분도 낮은 여인네에게 훈계를 들었다고 생각하니 몹시 화가 났지만 만덕의 바른 소리에 아무 말도 하지 못하고 객주를 나왔다.

기근은 점점 더 심해져 제주의 정의와 대정 등 세 고을에서만 600여 명이 굶어 죽었다.

굶주림에 지친 백성들의 상소가 나날이 늘어났다. 결국 제주 출신의 한 관리가 이철운의 비리를 알고 정조에게 이를 고발하는 상소를 올렸다.

이 사실을 알게 된 정조는 이철운을 파직하고 귀양을 보냈다.

제주에는 새로운 목사로 심낙수가 내려왔다.

제주에 온 심낙수는 백성들을 살피고 깜짝 놀랐다. 거듭된 흉년으로 말미암아 백성들의 생활은 말이 아니었던 것이다.

심낙수는 나라에 백성들에게 줄 쌀을 보내 달라고 요청했다. 심낙수의 요청에 한양에서는 관리들 간에 논란이 일어났다.

"지금 곡식이 부족한 것은 비단 제주만의 문제가 아니옵니다."

"그래도 제주는 도와주어야만 합니다."

"다른 지역도 어려움이 많습니다."

"다른 지역은 흉년이 들어 먹을 것이 없으면 먹을 것을 찾아 다른 곳으로 옮겨 갈 수 있어도 제주는 그렇지 못하다. 전라 감사는 강진, 해남, 영암에서 쌀을 모아 1만1천 석을 보내도록 하라."

정조의 명령에 따라 전라 감사는 정조19년(1795년) 윤 2월에 배 열두 척에 쌀을 실어 제주로 보냈다. 제주 사람들에게는 목숨과도 같은 쌀이었다.

그러나 바다는 뱃길을 쉽게 허락하지 않았다. 열두 척의 배 중 높은 파도에 휩쓸려 다섯 척의 배가 바다에 잠겨 버렸다. 쌀 이천 석도 배와 함께 사라졌다.

제주의 백성들은 한줄기 빛이었던 희망을 잃었다. 1794년부터 1795년까지 두 해 동안 제주의 백성들 중 절반이 훨씬 넘는 사람들이 굶어 죽고 말았다.

살아 있는 사람들은 법으로 금지된 소나 말을 훔쳐 잡아먹거나 사람으로서 하지 못할 일마저 저질렀다. 어떻게 해서든 살아남고자 하는 눈물겨운 상황이 이어졌다.

사정이 다급해지자 만덕은 큰 결심을 하게 되었다. 만덕은 만석을 불렀다. 만덕은 만석에게 전 재산을 내주었다.

"오라버니, 지금 해남으로 나가서서 쌀을 있는 대로 사 오도록 하

세요."

"있는 대로 사 온다면 그 많은 쌀을 어디에 쓰려고 하느냐?"

"이제 정말 백성들을 위해 써야겠어요."

만덕의 마음을 안 만석은 고개를 끄덕였다.

"알았다."

만석은 배를 타고 해남으로 나갔다. 만석이 해남과 강진, 영암 근처의 평야 지대를 돌아다니며 살 수 있는 대로 최대한 많은 쌀을 사 모았다. 흉년이 들었기에 쌀값은 부르는 게 값이었다.

만덕이 쌀을 산다는 소식에 백성들은 수군거렸다.

"만덕이 쌀을 사서 돈을 벌려고 하는 건가?"

"돈 있는 사람이 더 무섭구먼."

그러나 만석은 그런 소리에 신경 쓰지 않았다. 만덕의 마음을 알았기 때문이었다.

어느덧 만덕이 준 돈으로 산 쌀이 오백 석에 이르렀다. 만석은 하루빨리 제주로 돌아가려 했다.

그런데 날씨가 좋지 않았다. 만석이 배를 띄우려고 하자 선원들이 반대했다.

"지금 날씨에 배를 띄우는 것은 죽으러 가는 것입니다."

"기다렸다가 날씨가 좋으면 떠나시지요."

하지만 만석은 기다릴 수가 없었다.

"이 쌀은 굶어 죽는 백성들을 위한 쌀이오. 한시가 급하오."

만석이 재촉하자 선원들은 하는 수 없이 배를 띄워 제주로 향했다. 해남을 출발하고 얼마 되지 않아 비바람이 더 세차게 몰아쳤다.

"어서 돛을 내려라!"

만석은 소리쳤다. 만석의 명령에 따라 돛이 내려졌다. 아찔한 순간이 계속되었다.

만석이 바다에서 비바람과 싸울 때 만덕은 잠시 몸을 뉘었다. 그 동안의 피로가 몰아와 자신도 모르게 잠에 빠져들었다.

수십, 수백 마리의 뱀이 만덕의 옛집으로 모여들었다. 만덕은 새빨리 몽둥이를 들고 뱀을 쫓기 위해서 밖으로 나왔으나 뱀들은 만덕을 본체만체하더니 집 안으로 들어가는 것이었다.

만덕은 집으로 들어가는 뱀을 향해 몽둥이를 휘둘렀다. 몽둥이는 허공만 가를 뿐 뱀을 맞히지는 못했다. 다시 한 번 몽둥이를 휘둘렀다.

하지만 소용이 없었다. 만덕은 숨을 헐떡거리며 집 안으로 들어갔다.

만덕은 너무 놀라 그 자리에 주저앉고 말았다. 수백 마리의 뱀이 만석의 방에서 꿈틀대고 있었다.

만덕은 얼른 정신을 차리고 만석의 방으로 들어가 몽둥이를 휘두르며 소리를 질렀다.

그러자 뱀들이 문으로 조용히 문밖으로 나가는 것이었다. 만덕은 안도의 한숨을 내쉬었다.

"어르신!"

칠성이 만덕을 흔들었다.

"괜찮으세요? 안 좋은 꿈이라도 꾸신 거예요?"

만덕의 몸이 식은땀으로 다 젖어 있었다.

"꿈자리가 아무래도 심상치 않구나. 어서 나가서 바다가 어떤지 보고 오너라."

만덕의 말에 칠성은 바다로 달려갔다.

바닷가에 다다르니 비바람이 불어 집채만 한 파도가 삼킬 듯이 달려들고 있었다.

칠성은 다시 만덕에게 갔다.

"비바람과 파도가 매우 심합니다."

만덕은 안절부절하지 못했다. 칠성도 마찬가지였다. 비바람은 밤새 이어졌다. 만덕은 만석의 걱정에 한숨도 잘 수가 없었다. 이를 지켜보는 칠성의 마음도 불안하기는 마찬가지였다.

잠을 이룰 수 없었던 만덕은 희미하게 날이 밝아 오자 칠성을 데리고 포구로 나갔다. 밤새 몰아치던 비바람은 어느새 잠잠해져 있었다.

만덕이 포구에 나와 만석을 기다린 지 어느덧 한나절이 지났다. 칠성이 발을 동동 굴렀다.

"이제 그만 들어가시지요."

"지금 들어가 기다리라는 말이 나오느냐? 만약 잘못되기라도 한다면 굶어 죽어 가는 사람들은 어쩌란 말이냐! 또 오라버니는……."

이때 바다 멀리 큰 배가 칠성의 눈에 보였다. 칠성이 멀리 보이는 배를 가리켰다.

만덕은 칠성이 가리키는 바다를 바라보았다. 자신의 배가 틀림없었다.

"이제 됐구나."

만덕은 안도의 한숨을 내쉬었다.

"아우야, 죽는 줄 알았다. 그래도 하늘이 네 뜻을 아는지 우리를 도와주셨구나!"

만덕이 만석과 이야기를 나누는 동안 칠성은 배에서 쌀을 내려 수레에 실었다.

쌀은 제주 관아로 옮겨졌다.

수레에 실린 어마어마한 쌀을 보고 지나던 백성들은 눈이 휘둥그레졌다. 관아에서도 의아해했다.

"이것이 무슨 쌀이냐?"

제주 목사로 새로 부임한 이우현이 물었다.

"제 전 재산을 모아 육지에 가서 쌀을 사 왔습니다. 이 곡식을 백성들에게 공평하게 나누어 주시옵소서."

만덕은 최대한 많은 이들에게 쌀이 돌아갈 수 있도록 나누어 주라고 간곡히 부탁했다. 특히 어린아이와 병든 늙은이들에게 먼저 쌀을 나누어 주고 싶다고 이야기했다.

8 김만덕이 들려주는 조선 경제 이야기

조선 시대에도 복권이 있었나요?

복권은 추첨을 통하여 큰 배당금을 받는 채권으로 인간의 기대 심리를 충족시켜 많은 사람들을 유혹한단다.

복권은 로마 시대의 아우구스투스 때부터 시작되었어. 그는 귀족이나 관리를 초청하여 잔치를 베푼 후, 음식값을 받고 계산서를 내면 추첨하여 값비싼 상품을 나누어 주곤 했지.

조선 시대에도 복권이 있었어.

먼저 '십층계'라는 공익 복권이 있어. '십층계'는 절과 학교를 새로 짓거나 학교를 운영할 돈이 필요할 때, 조상의 산소에 제사를 지내는 비용을 마련하기 위해, 활터를 운영할 돈을 마련하기 위하여 복채를 팔고 그 금액의 일부를 당첨금으로 삼는 반 복권의 형태를 띠고 있어.

또 개인의 이익을 위해 만들어진 사익 복권도 여러 종류가 있었어.

'작태계'는 일련 번호가 적혀 있는 복권을 100명이나 1,000명 단위로 팔고 추첨하는 방식으로 당첨자를 정하는 복권이야. 전체 판매액의 80퍼센트는 돌려주고, 전체 판매액의 20퍼센트는 복권을 발행한 사람이 차지하지.

'삼십육계'는 36명 단위로 모든 사물의 유래나 기원을 적은 연기지를 서른여섯 명에게 팔아, 맞히는 사람에게 자신이 건 돈의 30배를 상금으로 주는 복권이야. 이 복권 때문에 망하는 집안이 줄을 잇자, 나라에서는 이를 금지하는 명령을 내리기도 했어.

마지막으로 '산통계'는 상자 속에 각 계원들의 이름을 기입한 공을 집어넣고 그 상자를 돌려서 밖으로 나오는 공에 따라 당첨을 결정하는 복권으로 오늘날의 추첨 방식과 비슷하단다. 우리나라 최초의 근대식 복권은 올림픽 후원권이야.

올림픽 후원권

금강산에
넋을
빼앗기다

만덕이 제주 관아에 가져다준 쌀은 제주 백성들의 굶주림을 해결할 수 있는 엄청난 양이었다.

하지만 제주 목사 이우현은 백성들을 위해 곡식을 내놓은 사람들을 조정에 보고할 때 양반이 아니고 더욱이 여자라는 이유로 만덕을 빼놓았다.

전현감 고한록은 삼백 석을, 장교 홍삼필과 유학 양성범은 일백 석의 곡식을 각각 내놓아 백성들을 구제했습니다.

이 시기에는 양반이 백성들에게 구휼미(백성들의 굶주림을 해결하기 위해 내놓은 곡식)를 내놓으면 그 양에 따라 벼슬이 내려졌다.

정조는 이우현의 보고를 받고 고한록은 군수로 홍삼필과 양성범은 순장으로 임명했다.

만덕은 진심으로 백성들을 위해 한 일이었기에 자신이 한 일이 보고가 되지 않아도 크게 서운해하지 않았다.

그러나 이우현의 뒤를 이어 제주 목사가 된 유사모의 생각은 달랐다.

"아무리 여자라 하더라도 그 공덕은 칭송받아 마땅한 것이다."

유사모는 서둘러 정조에게 만덕의 선행을 알렸다.

정조는 만덕이 한 일에 크게 감동하여 유사모에게 만덕이 원하는 것은 무엇이든 들어주라고 명했다.

정조의 명을 받은 제주 목사는 곧 만덕을 불렀다.

"상감마마께서 그대의 뜻을 가상히 여기셔서 원하는 것은 무엇이든 들어주라고 하셨소이다. 소원을 말해 보시오!"

"황공하옵니다만, 저는 상을 바라고 한 일이 아니옵니다. 그저 남보다 돈이 조금 더 있어 도와주었을 뿐이옵니다."

만덕은 정중히 사절했지만 제주 목사가 거듭 요청하자 오랫동안 마음속에 품고 있던 한 가지 소원을 이야기했다.

"소인, 소원이 하나 있다면 금강산을 구경하고 싶습니다."

제주의 여인이 바다를 건넌다는 것은 꿈도 꾸지 못할 일이었다.

왜구의 침입이 잦았던 제주는 왜구를 막기 위한 최소한의 군사가 있어야 했다. 또 평야가 적은 탓에 비옥한 땅을 찾아 육지로 나가려는 자들이 많았다. 나라에서는 어쩔수 없이 제주 사람들이 다른 곳으로 이주하는 것을 법으로 막았다.

그나마 남자들은 관청의 허가를 받고 육지로 왕래할 수 있었지만 여자들은 그럴 수조차 없었다. 육지 사람과의 결혼도 금지되어 있었다.

하지만 만덕은 몇 번이고 마음속에 그려 보던 금강산을 갈 수만 있다면 꼭 한 번 가 보고 싶었다.

만덕의 소원을 전해 들은 정조는 기꺼이 허락했다. 더불어 만덕이 금강산을 가는 길에 한양에 들러 꼭 자신을 만나도록 했다.

금강산도 모자라 궁궐에 계신 임금을 직접 뵌다고 생각하니 만덕은 모든 것이 꿈만 같았다.

정조는 만덕이 한양에 올라오는 길에 조금도 불편함이 없도록 거치는 모든 역에서 편히 묵어 갈 수 있도록 명령했다.

정조 20년(1796년) 가을, 만덕의 나이 쉰여덟이었다.

만덕은 드디어 한양에 도착했다.

만덕은 대정치가요, 국민들로부터 존경을 받던 영의정 채제공을 찾아갔다.

"어서 오시게. 먼 길을 오느라 고생이 많았소."

만덕이 한양에 도착했다는 소식을 들은 정조는 무척 반가워했다.

그리고 만덕을 내의원의 수석 의녀인 반수로 임명했다.

만덕이 의녀 반수가 되었다는 것은 그녀가 궁궐에 들어가 왕을 뵐 수 있다는 것을 뜻했다. 만덕은 정조의 큰 은혜에 감사하며 궁궐을 향해 절을 올렸다.

채제공의 안내를 받아 입궐한 만덕은 드디어 정조를 만나게 되었다. 육지로 나오는 것이 엄격히 금지된 제주의 여자가 임금을 직접 만났다는 것은 상상도 할 수 없는 일이었다. 그 누구도 꿈꾸지 못했던 기적 같은 일이었다.

"먼 길을 오느라 수고했구나. 굶주린 백성들을 위해 전 재산을 내놓았다고? 정말 대견하구나!"

"황송하옵니다. 마땅히 해야 할 일을 한 것뿐이온데 이리 칭찬을 받으니 송구스럽습니다."

"아니다, 너로 인해 목숨을 구한 이가 몇이더냐. 그보다 값지고 훌륭한 일은 없을 것이다."

정조의 칭찬에 만덕은 몸 둘 바를 몰랐다. 오로지 죽어 가는 사람들이 안타까워서 한 일이었다. 그런데 임금이 자신을 칭송해 주니 부끄러웠다.

"그래 금강산을 보는 것이 소원이라 하였느냐? 가는 길이 멀고 험

한데 괜찮겠느냐?"

"괜찮습니다. 소인 늘 꿈꿔 왔던 일이옵니다."

정조는 만덕에게 상으로 명주 다섯 필을 내렸다.

만덕은 중전인 효의왕후도 만났다.

"소인 반수 김만덕, 중전마마께 인사 올립니다."

"오! 그대가 만덕인가? 같은 여인으로서 그대가 참으로 대견하도다. 자네는 여인이 얼마나 훌륭한 일을 할 수 있는지 보여 줬다네. 나라의 안주인으로 너무나 고맙구나!"

왕비는 평소 아끼던 장신구를 선물로 내렸다.

궁궐에서 임금과 중전을 만나고 나온 만덕은 꿈을 꾸고 있는 것 같았다.

만덕은 한겨울 추위가 매시워 날이 풀리는 봄이 되면 금강산으로 떠나기로 했다. 그동안은 채제공의 집에서 머물렀다.

채제공은 만덕에게 한양의 볼거리를 놓치지 말고 구석구석 구경하도록 권했다.

만덕은 처음 본 한양의 모든 것이 신기했다. 제주와 다르게 기와집이 늘어서 있고, 거리는 많은 사람들로 북적댔다. 종로의 시전을 돌아보며 전국에서 모여든 물건을 구경하는 재미도 쏠쏠했다. 아현에 벌어진 난전의 활기찬 상인들과 백성들의 모습은 만덕에게 깊은 인상을 남겼다.

만덕이 서울에 있는 동안 이가환, 박제가, 정약용과 같은 당대 최고의 학자들이 친히 그녀를 찾아왔다. 그들은 만덕의 공을 기리는 시를 짓기도 하고 많은 이야기를 들려주었다.

어느새 얼음이 녹고 꽃이 피는 봄이 되었다. 만덕은 꿈에 그리던 금강산으로 길을 떠났다.

금강산은 일만이천 개의 봉우리가 하늘을 찌를 듯 둘러서 있고, 그 봉우리 사이로는 안개가 물처럼 흘러 신선의 세계에 온 것 같이 신비로운 느낌이 들었다. 바위틈 사이와 골짜기마다 소나무들이 줄지어 있고, 갖가지 꽃들이 봉오리를 터뜨려 장관을 이루었다.

만덕은 도대체 어디에 눈을 두어야 할지 모를 지경이었다. 어느 한곳도 놓칠 수 없는 진풍경들이었다. 만덕은 같이 간 사람들이 놀려 댈 정도로 금강산의 아름다움에 푹 빠져들었다. 마음속으로 그리던 금강산의 모습보다 훨씬 아름다웠다.

만덕은 금강산에 있는 절에 들어가 불상을 구경하고 불교의 세계를 맛보기도 했다.

금강산 구경을 마친 만덕은 다시 한양으로 돌아와 정조에게 감사

인사를 하고, 영의정 채제공을 찾았다.

"소인 만덕, 대감의 큰 은혜를 입었사옵니다. 이제 다시는 대감을 뵙지 못한다고 생각하니 섭섭하옵니다."

만덕은 눈물을 글썽였다.

"허허, 삼신산 중 두 곳이나 가 본 사람이 어찌 이리 약해지는가? 자네는 그 누구도 꿈꾸지 못할 일을 스스로 해낸 사람이야. 가난을 이겨 냈고, 기생 신분을 벗어났으며, 여자로서 대 상인이 되었네. 자네는 자네 앞에 놓인 모든 장애물을 뛰어넘어 뜻을 세우지 않았는가. 많은 백성을 살린 자네는 모두가 본받아야 할 귀감이 되는 여인일세."

채제공은 섭섭해하는 만덕을 위로하며 책 한 권을 건넸다. 그것은 채제공이 후대에 만덕의 공덕을 전하기 위해 그녀의 일생을 기록한 『만덕전』이었다.

만덕은 황송한 마음을 어찌 전해야 할지 몰랐다. 매우 기쁘고 자랑스러웠다.

"대감, 고맙습니다. 부디 건강하십시오."

만덕은 제주로 돌아왔다. 만덕이 금강산을 여행한 이야기는 많은 사람들에게 이야깃거리가 되었다.

어느덧 만덕의 나이가 일흔네 살이 되었다.

순조 12년(1812년) 10월 22일, 햇살을 받아 나른해진 만덕은 잠이 들었다.

그녀는 꿈속에서 채제공을 만나고 금강산을 보았다. 금강산에서 본 불상들도 보였다. 아버지, 어머니, 만석과 월중선의 얼굴도 보였다. 모두가 반가운 사람들이었다. 그녀는 행복한 미소를 띠었다.

그렇게 만덕은 편안히 세상을 떠났다.

만덕이 세상을 떠난 지 28년 후, 헌종 6년(1840년), 제주에 추사 김정희가 귀양을 왔다. 그는 만덕의 이야기를 전해 듣고 크게 감동했다.

恩光衍世 은광연세

김정희는 나무판에 '김만덕 은혜의 빛이 온 세상에 널리 번진다'는 뜻이 담긴 글을 새겨 만덕을 칭송했다. 이를 본 많은 이들은 두고두고 만덕의 마음을 기리었다.

김만덕이 들려주는 조선 경제 이야기

조선의 거상에는 누가 있나요?

나 김만덕 외에도 조선에는 둘째가라면 서러울 최고의 상인들이 있었어.

먼저 개성 상인 임상옥이야. 상인의 아들로 태어난 임상옥은 의주의 만상에서 장사 기술을 배워 나갔지. 돈을 벌기 위해서는 인삼 무역권을 잡아야 한다고 생각한 임상옥은 이조판서 박종경의 정치적 권력을 배경 삼아 우리나라 최초로 국경 지방의 인삼 무역권을 독점했단다.

천재적인 장사 수완을 발휘하여 1821년(순조 21년) 변무사의 수행원으로 청나라에 갔을 때 북경 상인들이 싼 가격에 인삼을 사들이려고 불매 동맹을 벌이는 것을 깨뜨리고 인삼의 값을 제대로 지불하여 인삼 무역권을 독점할 수 있었어.

당대 최고의 부호로 손꼽힌 임상옥의 재산은 어마어마했단다. 그의 부를 짐작할 수 있는 한 일화가 있어. 하루는 그의 집에 원접사, 평안 감사, 의주 부사가 함께 방문했다고 해. 그들과 함께 온 일행의 수가 자그마치 700명이었어.

이때 임상옥은 한 사람 앞에 한 상씩 차려 모두를 대접한 거야. 음식도 음식이려니와 집 안 가구들이 어찌나 호화롭게 잘 갖추어져 있는지 모두

가 놀랐다고 해.

　흉년이 들어 백성들이 고생을 하자 임상옥은 소금과 식량을 구해 어려운 백성들에게 나누어 주었지. 뿐만 아니라 많은 돈을 내어 도로와 다리를 놓고 배를 사서 교통을 편리하게 하기도 했어. 또 천여 석의 곡식을 사서 백마 산성 수비군에게 제공하여 도둑의 방비에도 힘을 쏟았지. 늘 주위에 어려운 일이 있으면 앞장서 도왔단다.

　또한 1832년 곽산 군수로 있을 때, 백성들에게 장사를 통해 배운 지식을 바탕으로 농사를 지을 때 많은 이익을 남길 수 있는 방법도 가르쳤어.

　임상옥은 철종 6년(1855년)에 자신의 막대한 토지를 자식에게 물려주지 않고 여러 사람이 사용할 수 있도록 공유지로 남겼어. 그는 숨을 거두는 순간에도 후손들에게 남을 많이 도울 것을 이야기했다고 해.

임상옥

김만덕이 들려주는 조선 경제 이야기

　　나와 같은 여성 상인 중에는 국제 무역에 뛰어난 수완을 보인 소현 세자빈 강씨가 있어.

　　우의정 석기(碩期, 1580~1643)의 딸로 태어난 강빈은 1627년 (인조 5년)에 세자빈이 되었어.

　　강빈은 병자호란의 패배로 세자와 세손과 함께 만주의 심양으로 인질이 되어 끌려갔어. 이때 봉림대군, 인평대군과 수만 명의 백성들도 인질이 되었지.

　　강빈도 남편인 소현세자와 함께 9년간 볼모로 생활했단다. 그녀는 심양에서 여성 상인이 되어 남편인 소현세자와 함께 시대를 앞서가는 삶을 살았어.

　　청나라의 왕족인 팔왕이 강빈에게 은자 오백 냥을 보내어 면포, 표피, 수달피, 청서피(하늘 다람쥐의 가죽), 청밀(꿀), 해채, 백자(잣) 등의 물품을 살 수 없는지 물었대.

　　이때 강빈은 청과의 무역을 통해 돈을 벌수 있다는 것을 알았어. 청나라는 유목민이 세운 나라였기에 아직은 정착 생활의 기반이 되는 생필품

이 턱없이 부족했고 그것들을 생산해 낼 수 있는 기술이나 조건을 갖추지 못한 상태였거든. 청나라는 명나라와는 적대적 관계였으므로 생필품은 오직 조선에서 구해야만 했어.

　강빈은 생강, 홍시, 배, 화문석, 나전함, 문어, 해삼, 인삼, 약재, 담배, 박래품 등을 청나라에 팔아 많은 돈을 벌었어. 그 돈으로 조선에서 인질로 끌려온 백성들이 노비로 팔리는 것을 막을 수 있었지. 또 심양 근처의 땅을 마련하여 조선의 백성들이 농사를 지을 수 있도록 했단다.

　무역을 통해 얻은 이익을 자신의 사치에 쓰지 않고 오직 조선을 위해 쓴 지도자라고 할 수 있지.

　마지막으로 경주 최 부자를 들 수 있어. 최 부자는 땅이 없는 농민들에게 일정한 소작료를 받고 자신의 넓은 땅을 빌려 주어 부를 축척했어.

　최 부자가 죽고 난 후에도 그의 가문은 300년 이상 경주 일대 최고의 부자였단다. 이렇게 오랜 기간 부를 유지할 수 있었던 것은 최 부자가 몇 가지 원칙을 가훈처럼 지켰기 때문이야.

김만덕이 들려주는 조선 경제 이야기

먼저 재산은 만 석 이상 모으지 않았대. 만 석은 쌀 일만 가마니에 해당하는 재산이란다. 최 부자는 만 석 이상의 재산이 생기면 만 석을 제외한 나머지 재산은 가난한 이들에게 나누어 주거나 소작료를 낮추는 등 사회에 환원했단다.

또 최 부자는 절대 흉년 때에는 논을 사지 않았어.

조선 시대에는 흉년이 들면 쌀 한 말의 값이 논 한 마지기 값을 넘기기도 했어. 우선 먹어야 목숨을 부지할 수 있으니 논값을 제대로 따질 겨를이 없었던 것이지. 심지어 흰 죽 한 끼 얻어먹고 논을 내놓았다고 해서 흰 죽 논이란 말도 생겨났지.

쌀을 많이 가지고 있던 부자들로서는 이때야말로 논을 헐값으로 사들여 재산을 늘릴 수 있는 절호의 기회이지. 그러나 최 부자는 이것을 금했어. 이는 가진 사람이 해서는 안 될 행동으로 보았던 것이지.

최 부자가 가장 중요하게 여겼던 것은 주변 100리 안에는 굶어 죽는 사람이 없어야 한다는 거였어.

경주를 중심으로 사방 100리를 살펴보면 동으로는 경주 동해안 일대에

서 서로는 영천까지이고, 남쪽으로는 울산이고 북으로는 포항까지나 되는 넓은 지역이야.

　나 혼자 만석꾼으로 잘 먹고 잘사는 것은 부자의 도리가 아니라고 생각했던 것이지.

　최 부자의 이런 원칙은 후대에도 계속되었고 널리 알려졌어. 많은 이들이 최 부자를 존경했다고 해.

　동학 혁명 이후 경상도 일대를 말을 타고 다니면서 부잣집을 터는 활빈당이 유행했는데 다른 부잣집들이 큰 봉변을 당했을 때도 최 부자의 집은 무사했다고 하니 당시 최 부자의 명성을 알 수 있단다.

최 부자의 집 곳간

　이처럼 조선의 거상들은 많이 가진 사람들이 가난한 백성들과 어떻게 더불어 살아가는지를 보여 주는 훌륭한 본보기란다.

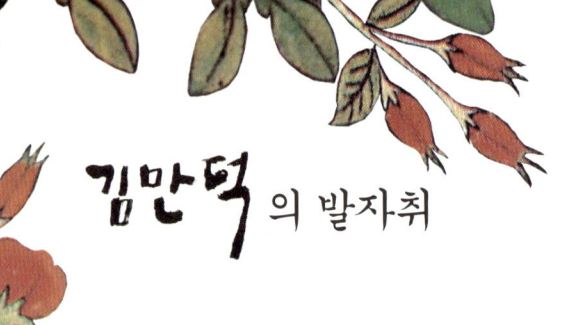

김만덕의 발자취

恩光衍世 은광연세

김만덕 은혜의 빛이 온 세상에 번진다. 추사 김정희

김만덕 초상

김만덕은 1739년에 제주에서 양인으로 태어났다. 12세 때 부모를 여의고 기생의 몸종으로 들어간 뒤 관기가 되었다.

그러나 23세가 되던 해에 양인의 신분을 되찾고 객주를 차렸다.

처음 객주를 시작했을 당시에는 여성이라는 점 때문에 큰 어려움을 겪었지만 강한 의지와 용기로 차별과 편견을 넘어섰다. 또한 뛰어난 사업가 기질을 발휘하여 제주 제일의 거상이 되었다.

김만덕은 정조 17년(1793년) 흉년이 계속되자 전 재산을 털어 쌀을 사서 굶어 죽어 가는 제주 백성들을 살렸다.

김만덕의 이런 선행은 나라 안에 널리 알려졌고 정조는 금강산을 구경하고 싶다는 그녀의 소원을 들어주었다. 그리고 당시 여성으로는 가장 높은 벼슬인 의녀 반수에 임명했다.

또한 영의정 채제공은 만덕의 선행을 기리기 위해 『만덕전』이라는 전기를 남겼고 김만덕이 죽은 후 제주로 유배온 추사 김정희는 '은광연세'라는 글을 써서 만덕의 업적을 기렸다.

지금도 김만덕의 정신을 이어 받아 〈김만덕 기념사업회〉에서 다양한 나눔 행사를 펼치고 있다.

김만덕 나눔 쌀 만섬 쌓기 행사

김만덕의 나눔과 봉사의 정신은 〈김만덕 기념사업회〉의 '김만덕 나눔 쌀 만 섬 쌓기' 행사를 통해 현재까지 이어지고 있다.

'김만덕 나눔 쌀 만 섬 쌓기' 행사는 시민과 기업의 자발적인 참여로 불우이웃을 돕기 위한 쌀을 모으는 행사이다. 모아진 쌀은 어려운 우리 이웃들에게 전달된다. 이를 통해 어려운 이웃의 아픔을 함께 나누고 그들에게 희망을 주는 계기가 되고 있다.

또한 〈김만덕 기념사업회〉는 김만덕의 나눔 사랑을 우리나라를 넘어 세계로 펼쳐 나가기 위해 베트남 등지에 빈곤 아동을 위한 '김만덕 학교' 건립을 추진하고 있다.

김만덕의 나눔과 봉사 정신은 이 시대를 살아가는 우리들에게 더불어 살아가는 삶이 아름답고 가치 있는 일임을 다시 한 번 일깨워 준다.

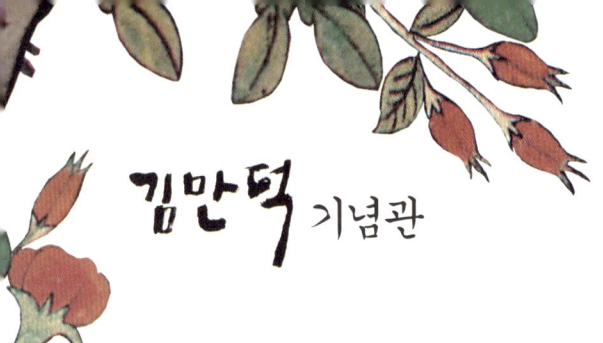

김만덕 기념관

김만덕 기념관의 외부 전경

    제주시 건립동 모충사 내에 있는 김만덕 기념관은 김만덕의 공덕을 기리기 위해 세워졌다.
    기념관 내부에는 김만덕 관련 유물 180여 점과 김만덕의 일대기가 그려진 그림이 전시되어 있다.
    관람 시간은 오전 9시부터 오후 5시까지이고 연중무휴이며 관람료는 없다.

김만덕 기념관에 전시된 김만덕 관련 유물

추사 김정희가 김만덕의 공을 기리기 위해 쓴 글귀를
세긴 돌 기념비

사라봉 모충사에 세워 놓은
김만덕을 기리는 묘탑

김만덕의 옛 무덤에 세웠던 비석과 석물들
비석에는 '행수 내의녀 김만덕지묘'라고 쓰여 있다.

거상 김만덕

펴낸날	초판 1쇄 2010년 3월 17일
	초판 11쇄 2021년 4월 23일

지은이 　민병덕
그린이 　윤종태
펴낸이 　심만수
펴낸곳 　(주)살림출판사
출판등록 　1989년 11월 1일 제9-210호

주소 　경기도 파주시 광인사길 30
전화 　031-955-1350　　팩스 031-624-1356
홈페이지 　http://www.sallimbooks.com
이메일 　book@sallimbooks.com

ISBN　978-89-522-1377-8　　73990

살림어린이는 (주)살림출판사의 어린이 브랜드입니다.

※ 값은 뒤표지에 있습니다.
※ 잘못 만들어진 책은 구입하신 서점에서 바꾸어 드립니다.

사용연령	8세 이상	제조국	대한민국
제조년월	2021년 4월 23일	제조자명	(주)살림출판사
연락처	031-955-1350		
주소	경기도 파주시 광인사길 30		
주의사항	책을 던지거나 떨어뜨리면 모서리에 다칠 우려가 있으니 주의하세요.		

KC마크는 이 제품이 공통안전기준에 적합하였음을 의미합니다.